石橋湛山の65日

保阪正康

東洋経済新報社

はじめに　ある自由主義者の歩み

総理大臣の格

近現代の日本史にあって、総理大臣は六十三人誕生している。明治十八年（一八八五）の第一次伊藤博文《いとうひろぶみ》首相から、令和二年の菅義偉《すがよしひで》首相までとなるが、この間百三十五年間である。平均すると二年余に一人の首相が政権を担ったことになるが、長い期間では七年余、短期であれば二カ月足らずであったのだから、首相の在任期間は折々の政治情勢や首相の健康状態などによって決まったということであろう。

いうまでもなく首相としての歴史的評価は、在任期間によって決まるわけではない。その期間に、どのような哲学、思想、理念をもってこの国の舵とりを行ったかが問われるはずである。

何か歴史に残る事績を残しているかが、首相としての評価につながってくるといっていい。私はそのような視点で、六十三人の首相を分析していったときに、そこに当然なことにランクづけができるように思う。少なくともその首相は、どういう事績を残したかという一点で判断していけば、私の見方になるのだが、ABCの三段階に分けて考えてもおかしくはないと思う。

私がAランクに数えたいのは、私自身はその政治姿勢や事績に決してプラスの評価を与えているわけではない人物も含めてということになるが、伊藤博文、原敬《はらたかし》、若槻礼次郎《わかつきれいじろう》、鈴木貫太郎《すずきかんたろう》、吉田茂《よしだしげる》などは、その枠内に入るであろう。彼らはとにかく何事かを成しとげたからである。戦後政治家では吉田を筆頭に、石橋湛山《いしばしたんざん》、池田勇人《いけだはやと》、佐藤栄作《さとうえいさく》などはその列に加えるべきだと思う。この列に加わる首相は、吉田が「講和条約締結」、池田は「高度成長」、佐藤は「沖縄返還」などを成しとげていて、Aランクに数えても決しておかしくはないはずである。

こういう政治家に共通しているのは、実現しようとする政策に体あたりでぶつかっていき、そのエネルギーに国民がついていく、あるいは納得するという構図が窺《うかが》えるのである。Aランクに列することのない首相は、何かを成しとげようとするエネルギーそのものに欠けていることがわかる。例を挙げていうならば、昭和十年代に第三次にわたり内閣を組閣した近衛文麿《このえふみまろ》は、確かに理知的であり、頭脳明晰であり、そして出自もまた当時の日本では天皇側近としての血統をもっていて、国民の期待も大きかった。しかし近衛は、歴史的には、とうていAランクには入らない。

あえていえば、Cランクではないかとの思いがするほどだ。

近衛は日中戦争時にも、太平洋戦争への道筋でも軍部に押されて実際に首相としての力を揮うに至らなかった。彼に決定的に欠けていたのは、国難に直面してそれを乗り切るだけのエネルギーをまったく発散できないことであった。本人には忸怩《じくじ》たる思いがあったであろうが、しかし歴史は彼に決していい評価を与えることはない。

前述のように私は、Aランクに石橋湛山を含めている。なぜ彼はそのランクに位置づけられるのか、彼はわずか二カ月余、首相の座に座っていただけでないのか、何かを成しとげたか、との問いがすぐに起こるであろう。そういう問いに、私は幾つもの点を挙げて反論することができる。あえて二点に絞って考えてみたい。

その第一として、確かに石橋はそのわずかな期間に首相たりうるような事績は残していない。そのことは認めるにしても、いやそれを認めたうえで私はあえて独自の視点を提示しておきたいのである。このこと自体が本書のテーマにもなるので説明しておくべきだと思う。首相に就任する前の政治活動、言論活動でこの国の羅針盤の役割を果たした人物が、首相に就任するという事実で、その羅針盤の内容の実現を国民に約束したのである。石橋にとって政治家となり、首相となるまでの五十年近い間の言論人としての活動は、近代日本の基本的な骨格を提示し続ける内容でもあった。この内容を現実に移すために、石橋は、首相になったと考えるべきである。石橋にとって首相のポストは、自らの人生の目的ではなく、自らの思想や理念を実現するための手段だったのである。

こうした首相は、大正時代の原敬や昭和初期の浜口雄幸《はまぐちおさち》に通じているといっていいであろう。首相というポスト自体を「手段」にする石橋は、官僚あがり、軍人あがり、あるいは大正、昭和初期の天皇周辺の首相たちのように、そのポストは「目的」ではなかったことは知っておかなければならない重要な事実である。

そして第二である。石橋は自由党と日本民主党が保守合同を成し得て、五五年体制の「保守勢力が結集」して行われた党内の総裁選に勝利を得た首相であった。つまり日本の保守勢力をまとめる政党の指導者になったのである。いうまでもないことだが、日本の保守勢力はいわば極右と評してもおかしくはない思想の持ち主から、社会党とさして変わらぬほど革新勢力と近接な距離にいる党員まで抱え込んでいる。そのまとめ役としての石橋は、保守勢力の中のバランスを保つ役割を果たしていく存在になった。首相としての石橋は、そのバランス役を担える貴重な存在であった。

人格、識見、そして政治的立場によって、石橋がその役割をこなすのにふさわしいという点で首相の座に座ったというべきであった。

私はこの二点をとりあげただけでも、石橋は六十三人の首相の中では傑出した存在ではなかったかと考えている。石橋には、歴代首相の中でもその独自性ゆえに多くの事績があり、それを丹念に見つめていくのが、私たち次代の者の務めではないかと、私は考えている。石橋がわずか六十五日の首相であったとはいえ、その五十年近くに及ぶ近代日本のあり方を問うてきた言論人としての経歴を考えると、この六十五日は、昭和史の一角に正確に位置づけなければならないことに気がつくであろう。

石橋湛山が貫いた三つの骨格

本書は石橋が、首相に就任して、そして健康上の理由で退陣を表明した六十五日間の、その動きを歴史上に位置づけようと試みる書である。もし石橋が政権を担当して自らの政策を進めていたら、「近現代史」の現代史の部分は年譜とは異なった形になったのではないかと思う。それは歴史に「イフ」をもち込むことではあるが、しかしこの「イフ」は私たちに、戦後日本のあるべき姿を示すことになったのではないか、と私には思えてならない。

大正十年(一九二一)に石橋が『東洋経済新報』で論じた原稿(「大日本主義の幻想」)は、日本が先進帝国主義にならって領土拡張などの愚を犯すなと説く内容である。この内容は、当時の日本の状況を考えれば、大胆かつ勇気のある内容であった。国内世論が、領土拡張をもとにしてのファシズム論に傾斜しているときに、それに真っ向から抗する道を選んだのである。

その中には次のような一節もあった。

「されば若《も》し我国にして支那又はシベリヤを我縄張りとしようとする野心を棄つるならば、満州、台湾、朝鮮、樺太等も入用でないと云う態度に出づるならば、戦争は絶対に起らない、従って我国が他国から侵さるると云うことも決してない。論者は、此等《これら》の土地を我領土とし、若しくは我勢力範囲として置くことが、国防上必要だと云うが、実は此等の土地を斯《か》くして置き、若しくは斯くせんとすればこそ、国防の必要が起るのである。其等は軍備を必要とする原因であって、軍備の必要から起った結果ではない。

然るに世人は、此《この》原因と結果とを取違えておる（以下略）」

ここにみられる石橋の思想は、近代日本の帝国主義的発想による政策や現実の対応などとは見事に一線を画していることが理解できる。この時代にこうした意見を臆せずに発表できる石橋には、自らの信念を貫こうとする強い意思がある。近代日本の知識人や言論人には、この強い意思が欠けているために、結果的に政府や軍部の言いなりになる者もでてくる。なかには率先してその役を引き受ける者もいる。石橋はそういう態度と一線を引いていて、信念のためには恐れるものはない、との覚悟を読みとることができる。

石橋は、首相になる前にすでに三つの基本的骨格を身につけていた。この三つを首相になってからも貫いたと思えるがゆえに、その存在は歴史の中に重みを増しているということになるのであろう。その三つの骨格とは、私の見るところ次のような内容である。

一、小日本主義（大日本主義の否定）
二、反ファシズムの平和主義（軍事の暴力的政策の反対）
三、論理主義（共同体的感情の相克）

この三つの骨格が、石橋湛山という人物を支えている。人はなにがしかの信念によって、自らの身を支えるのであったが、石橋はこの三点を信念の土台に置いて、言論人から政治家へと転じたと言っていいであろう。

三点の骨格のうちの（二）の平和主義であるが、実際に石橋は、第一次世界大戦後の大正十年にやはり自らの『東洋経済新報』に、「平和主義」について論じている。これらの論文、あるいは見解は現代にもそのままあてはまるほどの普遍的意味をもっている。この平和主義の中には、アジア主義ともいうべき思想がまたはっきりと姿をあらわしている。石橋は次のように書いているのだ。

歴史上でも重要な指摘を行っている。

「吾輩は思う。台湾にせよ、朝鮮にせよ、支那にせよ、早く日本が自由解放の政策に出づるならば、其等《それら》の国民は決して日本から離るるものではない。（中略）彼等は、唯《た》だ日本が、白人と一所になり、白人の真似をし、彼等を圧迫し、食物にせんとしつつあることに憤慨《ふんがい》しておるのである。彼等は、日本人が何うか此態度を改め、同胞として、友として、彼等を遇せんことを望んでおる」

西欧の帝国主義の後ろをついていって、我々アジアの国々の国民の恨みを買うことがないようにとの願望を読みとれ、というのであった。こうした考えは、アジアの革命家に共通のものである。石橋はこのことを大正十年の段階で明らかにしているが、この三年後に中国の革命家の孫文《そんぶん》が日本を訪れて、神戸で講演を行っている。その内容は図らずも石橋のこの考えと重なり合うところがあった。

孫文は、「日本はアジアの側に立って我々と共に西欧の帝国主義と闘うのか、それともその西欧の帝国主義のあとを追いかけていくのか、そのどちらかを選ばなければならない段階にきている。日本よ、今、そうした決断をしなければならない時だ」というのである。孫文の助言でもあった。まさに石橋はそのような問いに早くから答えていた。その事実を私たちは確かめておく必要があるだろう。

石橋の骨格を成す三つ目の柱は、実は石橋はきわめて論理的に整合性のある見方や尺度をもっているということだ。石橋自身、ことあるごとに必要なのは、「自分」をしっかりともつことだとくり返し強調している。自分をもつ、とはどういうことか。個人主義という意味では、むろんない。自己の確立とはまさに、自らの史観で現実に対処せよという意味になる。

本書でも再三にわたってふれることになるのだが、石橋は日本的な共同体の成員の感情にそれほどとらわれていない。むしろ共同体そのものから脱して、自立していく〈自己〉をもっている。この強さが石橋の言論活動、政治活動の根幹になっている。自己の確立とはつまりは論理に徹することであり、それが人生観、歴史観の支えになっている。石橋のもっている論理主義とは、自身で経済や財政を学び、それを身につけていくプロセスで獲得した信念であり、それが石橋の人生を貫いていることを、やはり確認しておくことが必要である。

明治十七年生まれの三人が歩んだ道筋

石橋は自由主義者として評されるべき歴史的人物であるにせよ、その人生の歩みにおいて同年代の指導者とはまったく異なった道を歩み、近代日本の方向を明示しえたのはなぜなのだろうか。私たちはその理由を正確につかんでおくことで、近代日本の指導者論を理解するのが容易になる。あえてその試みとしてある比較を考えてみたいと思う。

石橋は明治十七年（一八八四）の生まれである。この年に生まれた近代日本の有力者、指導者を調べてみると、すぐに東條《とうじょう》英機《ひでき》、山本《やまもと》五十六《いそろく》、石黒《いしぐろ》忠篤《ただあつ》（農林官僚。昭和という時代には農林大臣も務めている）などの名があがる。いわば同年代なのである。しかしここでは、石橋と、思想、人生観、国家観、さらには天皇観も含めて、東條と山本との対比を試みてみたい。

この三人（石橋と東條、山本）を並べてみて、昭和という時代での生き方や考え方はまったく異なっていることはすぐにわかる。「言論人・政治家」という枠組みと、「陸軍軍人」「海軍軍人」という枠組みの中にこれほどの違いがあることは奇異な感がするほどである。この三人を通して窺《うかが》えることはどういうことか、改めてそこから浮かびあがる問題点を整理してみたいと思う。あえて箇条書きにしてみよう。

一、陸軍、海軍という軍事組織はいかなる思想の持ち主を生んだのか。
二、その歩みの中に窺える「軍事と言論」の対立点とはどのようなものだったのか。
三、近代日本の功罪を三人を通して論じることができるのではないか。
四、近代日本から現代日本へのプロセスの中に、そしてこれからの日本社会に継承すべきことは何かを考える縁になるのではないだろうか。

さしあたりこの四点は、現在もっとも問うておかなければならないことである。私は、石橋の歴史的存在を明確にするためには、昭和前期（昭和二十年八月十五日、正確には降伏文書に調印した九月二日までの期間）のこの三人の姿を検証することによって、私たちは近代史の実像を確かめることが可能になると思う。

ここに挙げた四点は、本書の中でも折にふれて問うていくことになるのだが、〈はじめに〉の段階として、大きな枠組みの中でまずは論じておくことにしたい。

東條は陸軍幼年学校、士官学校、そして隊付将校などの体験のあと陸軍大学校を経て、陸軍のいわばエリート層を形成する集団の中に入っていった軍人である。典型的な陸軍軍人であり、その組織原理にもっとも忠実に従った「帝国軍人」であった。東條の軍人としての生き方を支えた信念は、〈軍人は他の職と違って聖職である〉であり、〈この国を支えているのは軍事であり、我々がその中核である〉でもある。

さらにあえてつけ加えることになるが、〈天皇は神格化した存在であり、我々は帝国日本に命を捧げた存在である〉との信念であった。いわば大日本帝国の軍人の範たりうることが自らの人生の何よりもの目標であった。東條にすれば、戦争は単に国を富ませるための手段ではなく、戦争それ自体が国益を生み出す目的でもあった。

こうした東條の軍人像を具体的に点検していくと、そこに石橋との違いが明確になってくる。たとえばその違いとは、国家や天皇に帰依する自己の姿を確認することが東條の率直な姿であるとすれば、石橋は、国家や天皇は絶対視する存在ではなく、我々の存在を保証する機関だということになるだろう。結局、東條と石橋の違いは一点に絞られてくることがわかる。

「帝国主義国家か民主主義国家か」

といった対立点を、この二人の同年代の歩みは教えている。歴史的普遍性や自己の果たすべき役割について、帝国主義的生き方か、民主主義的生き方か、が問われることになるともいえる。まったく同年代の二人が、一人は軍事教育を受け、国家の命ずる良き軍人たろうとし、一人は自らの関心事を学問にぶつけ、そして自らの生きる道を模索してきた。どちらが国を豊かにし、どちらが国を滅ぼすのか、そのことを確かめておく必要がある。

石橋と東條、その二人が同時代を生きながら、どうしてこれほどの差が生じるのだろうか。その相違点は、本書で詳細にふれるわけではないが、六十三人の首相の中の二人という目で見ても、私たちはAランクの首相像とそうではない首相像を確かめることができる。本書では、そうした首相の姿をいくつか浮きぼりにしたいと思うのだが、そこから指導者像もさぐっていきたいと思う。

〈石橋と東條〉という図式とは別に、〈石橋と山本〉という図式は、私たちに何を教えているのであろうか。むろんここには、〈東條と山本〉という図式の中で、同じ軍人といっても陸軍と海軍との間には大きな開きがあるともいえる。山本は海軍の開明派であるのに対し、東條は陸軍の原則派というべき存在であり、さらには二人は性格では水と油のような関係でもある。あえての指摘になるのだが、東條と山本との距離よりは、石橋と山本の距離のほうが近接性があるとも指摘できる。

同じ時代に一方が海軍軍人となり、一方が言論人となったという図式で、山本には、石橋に通じる視点が確かに幾つかある。たとえば山本は、海軍の軍人として戦争そのものの分析をきわめて論理的に行う。これは青年期、壮年期に二度にわたりアメリカでの駐在武官を担ったという体験もあるだろう。彼我との軍事力を点検して戦争を避けるという知恵ももっていた。精神力で戦争に挑むといった愚は犯すタイプではない。それは確かに海軍の開明派の所以《ゆえん》であろう。しかし石橋との間で決定的に欠けている点は何か。

それは山本にとっても逃れることのできなかったこの国の宿痾《しゅくあ》ともいうべき心理を指している。山本は対米英戦争に反対であり、外交や政治で懸案を解決すべきという側にいた。しかしそれは実らず、つまりは戦争という事態になった。山本の進む道は、身を挺して開戦を阻止するか、天皇を含めて東條らの指導者に説得を試みるか、であった。そのいずれをも選ぶことはなく、山本は戦闘を担う指導者としての道を進んだ。もとより帝国軍人という立場では、その選択肢しかなかったといえるが、自らの信念を貫くことのできない日本型の軍人として山本の名は、悲劇的な意味合いをもって語られる。いわば日本的な指導者ということになる。

石橋は、そうした生き方そのものを否定しての人生を貫いた。そういう人生を自ら選択して、自らの責任で、自らの信ずる論理を国民に向けて発信し続けた。それゆえに首相というポストは、最終的に辿りつく地点ではなかった。自らの信ずる道を歩む通過点のようだったともいえた。

明治十七年生まれの世代は、二十歳のときに日露戦争を体験した。青年期に入っていくときでもあった。東條は陸軍士官学校の生徒であり、この戦争によって卒業が早まり、後方での支えの役を担わされようとするときに、この戦争は終わった。山本は海軍兵学校を終え、海戦に赴く艦艇に乗りこむ役を命じられた。砲弾を浴びた艦艇で指を失うという体験もしている。

石橋は早稲田大学高等予科を卒業して、大学の哲学科に入学した年である。国の命ずるままに軍人として生きる東條や山本とは異なって、自らの歩みで人生に踏みだそうとしていた。こうして三人の生きる姿を確認していくときに、石橋の歩んだ道筋に、近代日本から現代日本へつながる風景を、私たちは感じとるべきであろう。

石橋が首相となる日から本書はドラマをスタートさせることになるが、そのドキュメントにふれる前に、あえて私自身の石橋湛山という首相を見つめる目の位置を確認するために、この〈はじめに〉を書いておくことにした。こうした石橋像を確認しながら、この首相のその短かった在任期間を確かめたい。私は、この首相がわずか六十五日で終わるのではなく、せめて近現代日本の首相の平均在任期間の二年余はその地位にとどまらせたかったと思う。その地位は石橋にとって決して目的の地点ではなかったにせよ、その通過点に今しばらくは立っていてほしかったとの思いがすることをくり返すが記しておきたいのである。

目次

第二章 反吉田への思想と軌跡

第三章　追放解除後の戦い

第四章 首相への道程、その政局

第五章　総裁選での勝利。そして挫折

終章　何ごとも運命だよ

序章　七票で決まった新総裁

——昭和三十一年十二月十四日の風景

勝つための秘策

昭和三十一年（一九五六）は、太平洋戦争の終結から十年が過ぎていた。戦争で荒廃した日本の風景もしだいに整備され、社会全体に新しい世代、新しい動きが加わり、風景そのものが平時にと戻っていった。いわば『経済白書』が言うように、「戦後は終わった」という空気が広がっていく時代になっていた。

師走のこの日（昭和三十一年十二月十四日）、石橋湛山《いしばしたんざん》は東京・新橋にある第一ホテルで朝を迎えた。午前七時すぎにホテルの理髪室で散髪を終え、迎えに来ていた石田博英《いしだひろひで》とともに自動車で丸の内の東京會舘にむかった。石田がのちに書き著しているところでは、この国の後継総裁を決める重要な日だというのに、石橋はそんな勝敗などに頓着しないという落ち着いた態度であった。

石田は大正三年（一九一四）の生まれで、昭和十四年（一九三九）に早稲田大学を卒業したあと、『中外商業新報』（現在の『日本経済新聞』）の記者であったが、戦後は政治家を志し、昭和二十二年（一九四七）の新憲法下での初の総選挙に立候補して当選している。石橋と知り合ったのは中外商業新報時代の編集局長だった小汀利得《おばまとしえ》から紹介されてである。石橋が東洋経済新報で戦時下でも、自らの意見を発表し続けているのに打たれ、密かに尊敬していた。

代議士となってからは、ますます尊敬の念を強くし、自ら側近と名のり、石橋の小《しょう》日本主義や戦時下の抵抗の論を紹介する役も引き受けていたのである。

東京・丸の内にある東京會舘にはこの日の午前八時を期して、総裁選で石橋を支持する代議士、それにやはり総裁選に立候補している石井光次郎《いしいみつじろう》を支える代議士が集まっていた。石橋、石井の両派の懇談会と銘打たれたこの会合は、いわば午前十時から東京・大手町の産経ホールで開かれる総裁選への出陣式だった。立候補者はこのほかに岸信介《きしのぶすけ》が名のりを挙げていたが、代議士の半数近くは押さえているだろうといわれ、圧倒的に有利な情勢だった。その岸派が恐れたのは第一回投票で過半数をとれなかった場合、二、三位になる石橋・石井の連合軍であった。

もとより石橋・石井両派の参謀たちも二位になった者を三位の支持者が、決選投票では支援するようにお互いに調整しあっていた。

この調整は十三日になっても話し合いがつかず、新聞などメディアでは、両派がそれぞれ自らの推す候補者に一本化しようとするだけで、「両派一本化できず」との報道が流れていた。実際に朝日新聞は十四日付朝刊では「総裁三候補、並列のまま」と一面で報じ、石橋・石井は決選になれば提携するにせよ、どちらに絞るかは決まっていない旨の報道を行っている。

石田の著した『石橋政権・七十一日』によれば、実はこの日の朝まで両派の話し合いは続いていて、二、三位連合の話し合いがまとまり、二位の者に三位の支持者が投票する方向でまとまっていた。そのことを確認するために両派の代議士たちは午前八時半の「石橋・石井両派合同懇談会」を開くことになったのである。

この懇談会には、両派を代表する形で小沢佐重喜《おざわさえき》が立って、「決選投票となった場合、石橋、石井いずれであれ、上位になった者を全力で支援する」ことが決まったと報告している。石井と石橋もそれぞれこの方向で納得している旨、出席の議員たちに伝え、共通の「敵」は岸信介であると確認することになった。

そこから両派は揃って会場の産経ホールにとむかったのである。

石橋はこのときとくに興奮していなかった。というのは、自ら総裁になりたいとの感情がそれほど高いわけではなく、同志たちに推されて出馬したという程度の感情だったのである。そういう冷めた感情が、この総裁候補の性格でもあったのだが、実際に石橋はそのときの心境を次のように綴っていた（『石橋湛山全集』第十五巻）。

「ただ公選が順調にすんでくれることを願っていた。それは日本における保守政党最初の総裁公選に不祥事がおき、汚点を残すことでもあれば、将来に悪影響を及ぼすと考えたからであった」

このときは、自由党、日本民主党、改進党などいわゆる保守勢力の結集ともいうべき保守合同（昭和三十年十一月）が行われてから一年を経過している。五五年体制の誕生によって、日本の政治状況はいきなり「保守か革新か」と色分けできるようになった。英国の議会政治にならったともいえた。それだけに石橋は、保守政党としては初めての総裁選であり、将来のモデルになるような理想選挙を考えていたというのだ。

七票差の逆転勝利

自由民主党の総裁選挙（それは首相を決めるのと同義語なのだが）は、午前十時五十五分から始まった。長老議員を仮議長に選び、そのあと個々の代議士の資格を名簿で確認したのちに、議長に砂田《すなだ》重政《しげまさ》が選ばれた。副議長には各派を代表する形で六人が選ばれ、まず幹事長の岸信介による党務報告が行われた。保守合同によって党勢は伸びているとの内容であった。いわば五五年体制が緒についた段階だったが、自由党を中心とする保守勢力の結集は戦後日本の柱になるとの自負も窺《うかが》えた。

次いで壇上に立ったのは鳩山一郎《はとやまいちろう》首相である。鳩山は脳溢血で半身不随の身であり、その姿はまさに自らの五十年余に及ぶ政治生活への別れでもある。前年四月に総裁に就任してから一年半、国際連合への加盟も成功したと述べたあとに次のような別れの挨拶を行った。

「私はこの夏以来総理大臣としての職務が激しいので、やめたいと親友達と話し合ってきたが、いよいよやめる時がきた。私は本日総理をやめることを諸君に明言する。諸君は新進有為の総裁を選んでほしい。新総裁にはわが党がいままでとってきた外交、経済政策を大体その方向に進めてくれる人になってもらうことをお願いする」

鳩山にとってわずかの期間とはいえ、総理としての実績を積んだことはその経歴に花を添えることになったのである。鳩山は大野伴睦《おおのばんぼく》（本名・伴睦《ともちか》）の謝辞を受けたあと、秘書に肩を支えられて杖を手に会場の拍手の中を退場していった。そこには「戦前」が少しずつ消えていく趣《おもむき》がただよってもいた。

そのあと砂田議長は選挙管理委員を任命したのだが、会場の空気を読みながらその空気に歯止めをかける発言を行った。今回の総裁選はわが憲政史できわめて厳粛、かつ公正に行いたいとの内容を伝えたあと、あえて「総裁が決定したあとは、感情的なシコリが残らないようにしてほしい」とつけ足したのである。換言すれば、岸、石井、そして石橋の三派の闘いはそれほど激しかったといってよかった。五五年体制下で初の総裁選はまさにルールなき闘いでもあったのだ。

午前十一時四十三分から新総裁を決定する投票が始まった。単記無記名で衆参両議院の議員、それに地方代議員の順で行われた。その結果は次のようになった。

岸　信介　　二二三票
石橋湛山　一五一票
石井光次郎　一三七票

過半数の二五六票を獲得する者がなく、岸と石橋の間で決選投票が行われることになった。予想より二十票少なかったというのである。石橋派の参謀役の石田は、一五一票に内心で首をひねった。予想より多く、そちらに流れたのだろうか、と疑った。それらの票が石橋に流れてくることを願いながら、石田ら石橋の側近は決選投票を見守ることになった。

午後零時三十分すぎに、決選投票に入り午後一時には投票も終わり、すぐに開票に入っている。この開票時にひとつの政治ドラマがあった。選挙管理委員でもあった石田がのちに著書にも書き、新聞記者にも語ったために知られることになるのだが、その顚末は主に石田の著作をもとに復元してみたほうがわかりやすい。

管理委員は壇上で集計を行う。石田はその集計結果を見ると岸票が二五一、そして石橋票は二五〇になる。わずか一票差である。石田の表現では「思わず目の前が暗くなる」という状態だった。ところが隣を見ると三木武夫《みきたけお》派で石橋支持の選挙管理委員井出一太郎《いでいちたろう》がふるえる手で残りの投票用紙をにぎっている。

「君、その手の中は石橋票か……何票ある？」

「八票だよ」

石田は内心の笑みを隠して、議長席に近づいた。

「議長、この際ちょっと休憩したらどうですか」と砂田の耳元で囁いた。砂田は岸支持である。

砂田は、石田がそういうのであれば石橋が敗れたに違いないと判断して、「いや休憩はしない」と石田の申し出をはねのけた。石田は一世一代の大芝居に勝ったと実感した。もし休憩していたら、そして岸が負けているとわかったら、投票用紙の中には無効投票があるとの声が起こったりして、結果はどうなったかわからなかったと、石田は認《したた》めている。

砂田は茫然《ぼうぜん》とした表情で、投票結果を発表した。石田は前方から二列目に座っている石橋に人指し指を立て勝利の合図を送った。

石橋湛山　　二五八票

岸　信介　　二五一票

無効投票　　一票

会場にはどよめき、萬歳《ばんざい》の声、さらには複雑なうめき声も発せられた。大方の者は、岸が鳩山の後継者になるのだろうと想定していたのだが、その実態はまったく異なった形になったの

1956年12月14日、自民党総裁選の決選投票で勝利した石橋湛山(左)と握手する敗れた岸信介。共同通信

である。

この日の朝日新聞の夕刊は、次のような記事を書いている。

「午後一時十五分石橋通産相（注・鳩山内閣ではこのポストに就任していた）が当選。ニュースフラッシュをあびた石橋氏は笑いがとまらぬといった具合。会場に拍手がわく。だが、半分近くはひっそり静まったまま。そして月余にわたった〝総裁争奪劇〟も複雑な幕切れとなった」

この記事にもあるように、党内の半分は石橋に決して笑顔で応じなかったのだ。

砂田が石橋新総裁の登場を告げると、石橋のもとに岸や石井が歩み寄り、三人はそれぞれ握手を交わして

1956年12月14日、第3回自民党大会で総裁の心がまえを述べる石橋湛山。時事通信

いる。場内には一斉に拍手が起こったと各紙の記事には書かれているのだが、それでも党内挙げてという空気にはほど遠かった。やがてそのことは、現実に組閣を進める段になって明確になっていくのである。

石橋は新総裁として登壇し、その心がまえを述べている。月並みな内容であり、石橋の心中にはまだ総裁としての心がまえができていないとも見られた。

「私は党則による選挙により、わが党の総裁に推薦をうけました。時代の声望を一身にうけた鳩山首相のもとですら、時局はなかなか容易でなかったことであり、私がこの地位について果して期待にそえるか心中恐々としている。どうかこの上は本日候補として挙げられた岸、石井両氏をはじめ、党長老などの絶大な支援をうけて党運営を円満に図り、国家のため保守党の神ずいを発揮したいと思います」
口ぶりは淡々としていた。石橋はこのとき七十二歳になっていた。

リベラリスト政権の〝まぼろし〟

この党大会は最後に、岸が「石橋新総裁萬歳」の発声で党内融和を誇示するような形で終わった。

石橋の選挙事務所は東京・日比谷の日活国際ホテルの中にあった。午後二時すぎに石橋は支持者に囲まれながら、この事務所に入った。郎党や支援者からなんども萬歳の声援を受けながらも、石橋は「自分ではちっともうれしくない。エライことになったと思っている」と笑顔のまま応じた。実はそれが石橋の緊張しているときの表情でもあった。

石田は石橋の前に進みでて、「まことに（票差が）少なくて……」と詫《わ》びている。石田の記述では、石橋はこの言にも黙って頭を下げたという。「平常と少しも変らない。小春日和の陽ざしをうけて、先生の顔が輝いていた」と師の表情を書き残している。

この期に石橋総裁を誕生させた意義について、もっとも適確に語ったのは野党である社会党の中央執行委員和田博雄《わだひろお》であった。和田は朝日新聞（十二月十五日付朝刊）に寄稿し、歴史的な重みについての分析も試みていた。

「石橋君はオールド・リベラリストである。彼が占領軍によって追放されたのは占領政策に抵抗したためだったといわれるが問題には正面からぶつかり、正しいと思えば抵抗するという彼の性格を端的に物語っていよう。石橋君が新総裁に選ばれた理由のひとつには、戦争に協力しなかったという汚点のない経歴をもっていること、つまりリベラリストとしての信念が本物であったことが挙げられるのではなかろうか」

和田も戦前には農林省や企画院の官僚として革新官僚の側にいて、軍部とは一線を画していた。昭和十六年には、統制経済を掲げて日本の社会主義化を図ったとして逮捕されている。戦後に無罪判決がでている。そのあとに政治家に転じていた。石橋に通じている絆《きずな》を、たとえ野党の側にあっても信じていたのである。リベラリスト石橋の登場が理解されたのは、歴史への透視力をもつ者の支援を受けたからであった。同時に岸が敗れたとはいえ、まさに歴史への視点を欠いている者の数も相応にこの国では力をもっていたことを逆説的に示している。

あえてふれておくが、石橋と岸の七票差は、四人が、「石橋湛山」ではなく、「岸信介」と書いていたら、総裁選は逆転していたのであるとすれば、「鳩山・岸」という流れになり、昭和初年代の閣僚がそのまま首相の座を継いだことになった。戦後の日本社会は、軍事主導路線（鳩山も結果的にその役を担っているのだが）を完全にふっきったわけではないとの見方がされるはずであった。

鳩山と岸の間に、石橋が挟まることにより、戦後の日本社会が一定の範囲で自省の姿勢を見せたことになった。そういう〈歴史〉を四人がつくりあげたのである。石橋に投票した個々人には、歴史への姿勢を明確にしたとの評価が与えられてもいい、と私は考えている。


こうして総裁の座に就いた石橋はわずか六十五日間でその役を降りてしまう。健康にすぐれなかったためでもあったが、しかし石橋の存在は今なお私たちにさまざまな問いかけを行っている。その問いかけのもっとも大きな点は、〈はじめに〉でも指摘したように、もし石橋が首相としての在任期間が長かったら、戦後の昭和史はどれほど大きく変わっただろうか、である。その答えは後世の人びとの昭和史検証能力にかかっているともいえるだろう。

その後の岸信介政権の国内政治の反動化と対米癒着、自主性なき外交に比べて、石橋は国内政治の民主化や自主外交を旗印にしていた。わずか七票とはいえ、石橋総裁の誕生は、石橋の説く日本の歩むべき道への共感と共鳴が少なくなかったと記録されるべきだろう。

政治評論家の内田《うちだ》健三《けんぞう》が著した書（『戦後日本の保守政治（政治記者の証言）』一九六九年刊）の中で、石橋政権が続いていたらと仮定し、岸政権とは異なったであろうと言って、「それは、政治指導者の個性が政治路線をどこまで左右しうるかという興味あるテーマをかかえて、〝まぼろしの政権〟がいまもわれわれに投げかけているナゾである」と書いている。

このナゾを解くためにも、石橋湛山の言論人から政治家への道筋を改めて辿ってみることが必要になるだろう。

第一章　戦後政治家としての出発点

「前途は実に洋々たり」

石橋湛山《いしばしたんざん》は、昭和二十年（一九四五）八月十五日の玉音《ぎょくおん》放送を疎開《そかい》先の秋田県横手町（現・横手市）で聴いた。この疎開先は町内の精米所の一角にあり、東洋経済新報社の横手支局を名のってもいた。戦争末期、石橋はこの地で原稿を書き続けたが、印刷、製本、発送のための社員も疎開という名目で移ってきていて、『東洋経済新報』の伝統を守ろうと心を揃えていた。とはいえ米軍機の爆弾はこの地にも投下されることがあり、月刊誌としての刊行は思うようにはならなかった。

石橋の年譜（『石橋湛山全集』第十五巻に収録）を改めて見ていくと、石橋は正午の玉音放送を聴くや、すぐに機敏《きびん》に行動に移っている。同社の社員や横手町の人びとに、これからの時代とどう向き合うべきかを説いている。石橋にとって敗戦という事態は予想されうることであった。その心情は八月十八日の日記に、「予は或《ある》意味に於《おい》て、日本の真の発展の為《た》めに、米英等と共に日本内部の逆悪《ぎゃくあく》と戦つてゐたのであつた。今回の敗戦が何等予に悲みをもたらさゞる所以である」と書いたことでもわかるように、国家は対米英戦を戦っているといっても石橋自身は国内の軍部を中心とする軍事独裁政権とも戦っていたのである。この独裁政権はまさに日本の歴史から見れば、「逆悪」というべき政治権力であった。

ちなみに八月十五日と十六日の石橋の行動について、「石橋湛山年譜」から引用すると以下のように書かれている。

「正午、天皇の終戦詔書《しょうしょ》の放送を聞く。午後三時より横手経済倶楽部会員有志を支局に集め、新事態について『大西洋憲章・ポツダム宣言に現われた連合国対日方針と日本経済の見透し』と題して講演する。翌16日も午後2時から町役場で各地区の常会幹部を前にして、前日と同様の講演を行なう。さらに以後、同趣旨の社論『更生日本の針路』を『東洋経済新報』につぎつぎと執筆する」

こうした動きを見ていくと、確かに石橋は「日本の真の発展の為め」にはこの敗戦はプラスになるとの信念をもっていたことがわかってくる。このとき石橋は六十二歳であり、社会の一般的な常識からいうならすでに自らの仕事を終えている年齢であった。しかし石橋にとって、むしろこれからが自らの人生の総決算、あるいは新たな人生という形で場が与えられることを確信していたのである。この敗戦後からのわずかな期間に石橋が他者に語った内容は、その確信を示すとともに自らはこれからの社会でどういう役割を果たすか、そのことを明言していたのである。

三年八カ月の太平洋戦争の期間、石橋はどのように現実の社会と向き合ったか、そしてこの敗戦を機に日本はいかなる方向に進むか、自らの果たす役割はどのような形になるのか、このころに石橋がその心情や歴史観をもっともよく示している評論をとりあげて、その意味するところを分析しておきたい。

石橋のこの期の考え方をよく示しているのは、『東洋経済新報』の社論「更生日本の針路」（九月一日号から十二月一日号までの九回連載）に先立って八月二十五日号に書かれた「更生日本の門出　前途は実に洋々たり」の稿である。石橋にとっても記念すべき論文である。幾つかの柱になる箇所をまずは引用しておくべきであろう。

この稿は字数にして二千五百字ほどだが、その内容はきわめて具体的な歴史観をあらわしている。「八月八日のソ連の対日開戦宣言が其の儘翌九日東京に於て発表されたのを見て、記者（注・石橋自身のこと）は最早戦争は終結に近づきたりと信じた。政府に其の堅き決意があるにあらざれば、此の文書は断じて発表し得べからざるものだからである」というのが導入部であった。

そして石橋の見方が続く。

「我が国の戦争の状況は、既に米英だけを対手としても遂行は不可能であった。口にこそ本土決戦を唱えたといえ、之れに依《よ》って能く戦勢を転換し得たと信じた者は、恐らく最高指導部中に一人も無かった。政府が早く七月二十六日以前にソ連を通じ和協を米英に求めた所以である」

「世の中には、蓋《けだ》し此の事態（注・終戦のこと）を予想せざりし者多数なるべく、其の余りに突如として到来せる急変に茫然自失せる者もあろう。（中略）若し夫れ我が日本の前途を悲観する如《ごと》きは、従来国民に与えられた教養の不足の致す所で、一面無理もない次第ながら、其の無知甚だ憐《あわれ》むべしと云わなければならぬ」

「然らば原子爆弾とは何物であるか。それは科学の産物であり、頭脳の産児である。然るに米英支の三国の条件はもとより、凡そ世に有らゆる人為的制限は、過去現在の産物を禁止し或は破壊する力を持つであろうが、人の頭脳の活動を禁止し、それより将来産れ出づる物に対して制限を加える途《みち》は無い」

「(戦時下に) 竹槍こそ最も善き武器なりとする非科学的精神が瀰漫《びまん》した。茲《ここ》に戦争に於ても今回の不利を招いた根本原因があるが、平和の事業に於ても同様である。単に物質的の意味でない科学精神に徹底せよ」

ここに共通している石橋の思想の骨格は、ふたつの点に収斂《しゅうれん》できる。ひとつは「科学精神に目ざめよ」であり、もうひとつは、「歴史の流れに無知であるなかれ」である。このふたつこそ、石橋は「敗戦」を機に国民に訴えたわけである。このふたつに立脚するなら、戦後日本の前途は洋々たるものだというのであった。そのことは逆に、日本人に欠けている国民的性格に目ざめなければ将来はない、という意味になる。日本人の国民的性格の弱さ、それは主体性の欠如、そして流れに身を任せるという傍観者的な弱さこそ克服しなければならないとの指摘であった。

このような石橋の敗戦直後に書いた評論を見ていくと、そこに一定の方程式があることがわかる。方程式といえばいささか複雑に聞こえるが、むしろ定理のようなものといっていい。それを確認しなければならない。

昭和十六年（一九四一）十二月からの太平洋戦争、昭和十二年（一九三七）七月からの日中戦争、そして昭和六年（一九三一）九月の満州事変、さかのぼれば日本はひたすら軍事主導路線を進めてきた。この路線は日本の国力を無視し、日本のありうべき本来の姿（注・それが石橋が大正期から問うてきた小《しょう》日本主義）から逸脱する姿だった。中国への無謀な戦争を進める過程で、それはやがてアメリカ、英国などの先進国と対峙するのは目に見えていた。そして現実に戦争に入っていき、この国は存亡の危機を迎えることになる。石橋は、この日本がすべての国力の比較を行って戦争を分析してみたとき、勝利が覚束《おぼつか》ないことをよく知っていた。国力が追いついていないだけではなく、非科学的精神が敗因、というより戦争を行う資格にさえ欠けているとの弾劾《だんがい》である。

戦争は終わった。敗戦はまさに「日本国民の永遠に記念すべき更生日本の門出の日」であり、この日は「我が国民の一人一人が永く拳々服膺《けんけんふくよう》すべき」日なのであった。

石橋は単に「八月十五日」を非科学的精神を離れ、新たに客観的、科学的発想や思考をもつ日に変えることにより、まさに「更生日本の門出」の日にせよと主張するのである。もとより石橋の表現の中に直接使われていないが、知性的、理知的、そして叡智をもった新日本に変わっていけばいい、その出発点に立ったとの自信をもてと人びとを鼓舞しているわけである。こうした石橋の主張は単に太平洋戦争に反対ないし不賛成というわけではなく、このときまでの石橋自身の信念の発露《はつろ》だったという事実も知っておかなければならないであろう。

八月二十三日、石橋は東京に戻り、東京本社を再開して言論人としての活動を始めることになった。むろんこれほど簡単に東洋経済新報社が活動再開できたわけではなく、石橋もあっさりと横手支局を閉じて東京に出てきたわけではなかった。

支局の社員四十三人の生活のために印刷部門をこの地の印刷会社に替えるなどして、経営の側からできうる限りの力を尽くしてきたことは語っておかなければならない。石橋は自ら関わった教育、宗教、実業などの組織には強いシンパシーをもって接するのだが、こうした誠実さがその周囲に人を集めることになったといってもいいだろう。

GHQからの期待

東京に戻ってきた石橋は、ホテルや知人宅を泊まり歩きながら、「本社の再建策を協議したり、大蔵省通貨対策委員会に出席したり、GHQ（注・連合国軍総司令部）と接触したりと多忙な時を過ごします」（山口正『思想家としての石橋湛山』）という状態であった。東京で果たさなければならない仕事がふえたために、家族とともに横手を離れて東京に戻っての生活を始めたのは十月二十二日であった。

東京での生活を始めてからの石橋は、戦前、戦時下の言論活動が改めてGHQに注目されたせいもあったのだろう、しばしば民主派の将校たちの来訪を受け、対日政策の意見を求められるようになった。そのことを年譜から引用しておくと、たとえば十月二十四日には次のような記述がある。

「クレーマー（注・経済科学局長。すでに九月三十日に会見。民主化のための意見を求められていた）から財閥に対する意見を求められ、日本再建のため利用すべき旨の報告書を提出、クレーマーはこれに反対の意向をもつ」

十一月十三日、十七日、十八日にはGHQの新聞班の将校、さらにマッカーサーのブレーン役の将校たちが相次いで石橋を訪ねてきて、助言を求めている。石橋の名はGHQ内部で、もっとも頼りになる日本人ジャーナリストであり、日本の民主化に好意をもつ思想家といったレッテルが貼られたようであり、GHQ側も民主化、非軍事化の政策を進めるために石橋の識見や助言を頼りにしていたのである。といっても石橋の役は、いわばGHQの民主派将校のアドバイザー役であり、それ以上でも以下でもなかったというべきであった。クレーマーに対しての石橋の報告書は、財閥解体には反対であり、むしろ日本の再建のためには既存の財閥が果たす役割はあまりにも大きく、それを解体してしまうことはその分だけ復興も遅れるというのが石橋の持論でもあった。しかしそれは認められていない。GHQは三井、三菱、住友、安田の四大財閥の解体を決定したからである（十一月六日）。

ただここで注目しておかなければならないのは、石橋がGHQの将校たちから明治期からの言論活動について高い評価を受けていたことである。慣例では日本側からGHQに、何某という者だが面会したいと申し出て、GHQ内部の然るべき機関から日時を指定されて、「出頭せよ」といった高圧的な態度が示される。

むろんその点が戦勝国の所以でもあった。

ところが石橋の場合は、GHQの経済科学局の局長であるR・C・クレーマー大佐のように、直接に会いたいとの連絡が入ってくるのである。通訳を伴って面談したのは九月三十日であった。この三日前には、昭和天皇が初めてアメリカ大使館にマッカーサー元帥を訪ねて会見している。GHQ側はこれを機に改めて対日政策の根幹を練り直すことにしたらしく、石橋はその改革案づくりに協力する役割も与えられた。

石橋の回想録である『湛山回想』にも一章を設けて、GHQとの交流がどのようなものであったか、を書き残している。それによるなら、クレーマーはまず、私は『オリエンタル・エコノミスト』の熱心な愛読者であり、この雑誌は誌面づくり、販売面などでレベルが高い、と言って賞《ほ》めたそうである。この誌は、石橋が英文の経済誌を刊行すべきだと考えて、大正十一年（一九二二）にはいちど知人からの頼みで英語経済誌を引き受けた。しかしうまくいかずに一年ほどで手を引いた。ところが昭和六年（一九三一）に、金輸出再禁止を行ってから、日本の為替相場が下がって日本の輸出がふえた。こうした現象に海外からは、ソーシャル・ダンピング（不当な廉売輸出）の批判の声が高くなる。その不当な批判に反論をしたいと考え、加えてこれからの日本は海外向けに経済誌を刊行する必要があると考えた。それで昭和九年（一九三四）五月から、『オリエンタル・エコノミスト』を月刊で刊行し、そして戦後は週刊にと変えていった。

この経済誌は三千部ほどの印刷であったが、日本に関心をもつ欧米人にはよく読まれていたのである。

クレーマー局長はこの誌の愛読者でもあった。発行人の石橋の名は古くから知っていたことになる。

石橋はこうした点できわめてすぐれた能力をもっていた。昭和九年は日本社会がファシズム体制により傾斜していく年でもあった。美濃部達吉《みのべたつきち》の天皇機関説排撃運動に象徴されるように、偏狭な国家論が大手をふって歩く時代でもあった。石橋はその時期にこの英文誌を刊行したのである。加えて日本は国際連盟からも脱退し、海外メディアは日本政府の見解を聞きたければ直接東京に来て、取材を進める以外になかったのに、逆に石橋は国際社会に打って出たのであった。

　その石橋が、近代日本の政商であった財閥の解体に反対したことは、クレーマーを驚かせたらしい。財閥によって富の分配が不公平にならないか、より多くの企業が自由競争したほうがよいではないか、というのであった。石橋は、財閥解体論に反対する長文の報告書を提出したが、その主要部分を『湛山回想』で紹介している。そこから重要な記述を引用するなら、以下のような点が挙げられるだろう。

「今後の日本において、財閥は、なお必要なりや。率直に我々の意見を述べれば、日本の経済の再建のためには、やはり、これを利用することが便利である。かれらを今亡《ほろ》ぼす時は、さらぬだに混乱の予想される日本の経済界を、一層混乱させ、どこにも、これを安定し、収拾する中心勢力を見出し得ざる懸念がある」

　要は、解体するよりこれを利用せよ、それが再建の近道だというのであった。きわめて現実的な見解ともいえた。

　石橋の言動は確かに現実的な見解にもとづいていると、ＧＨＱ側にも、日本の政治家の側にも理解されることになった。つまり時代が「石橋的人物の能力と施策」を求めるに至っていたのである。そのことは本人がしだいに自覚していき、つまりは政治家の道に導かれていく形になった。

　石橋が政治家の道に入る理由に、昭和恐慌のときの苦い経験があるとの説もあるが、これは確かにあたっている。昭和の軍国主義への傾斜がより露骨《ろこつ》になるのは、満州事変前後からだが、その契機に経済政策の失敗も挙げられる。石橋らは軍事費の膨張を抑えて民間企業の活力を尊重すべきだとの側に立ったが、そういう論は軍事の膨張を説く論の前に無力であった。

しかし結果的には石橋らの説く側に歴史的な理があった。それがわかったときにはもう戻ることのできない段階に進んでいた。

少数意見が国民に受けいれられるには、相応の時間が必要とされる。政治家の立場からこうした意見を明らかにして、国民を説得しなければならないというのも、政治への道に進む動機だったのである。

戦争責任への見解

石橋の戦後の活動は、つまり政治家になってその方面に時間が忙殺《ぼうさつ》されるに至るまでには、自身もいっているように三つの仕事をかかえていた。「東洋経済新報の仕事、(占領軍)司令部の仕事、また戦後通貨対策委員会その他の政府関係の委員会など」の仕事であり、日々は時間にふり回された。こうした忙しさは、戦時協力に熱心だった言論人が、今やGHQの追及に脅えての生活を送っているのとまさに対照的であった。石橋にとってはもっとも肌の合う時代であり、自らの能力、識見、それに歴史観を露出させなければならないとの自覚もあった。

さらに言論人として自らの見解を発表する場をもっている強みが、石橋の言説に磨きをかけた。『東洋経済新報』では言論の自由そのものを確かめるように、石橋はこの時代を撃つ評論を書き続けた。その評論には特徴があり、旧軍事体制から抜けだせない硬直性への批判、そして新時代の民主主義体制のもつ革新性を推進する点に特徴があった。今、こうした言論は『石橋湛山全集』（第十三巻）などによって容易に知ることができる。

たとえば東久邇《ひがしくに》稔彦《なるひこ》内閣は、「一億国民総ざんげ」を訴えて、その戦争責任の所在を曖昧《あいまい》にするかのような言を国民に示した。これに対して石橋は『東洋経済新報』にあって、鋭い視点を示した。政府が「一億国民総ざんげ」などを唱えて、あたかも国民がすべて総ざんげしなければならないような姿勢を示すことは、許されざることだと怒った。次のような論点を国民に提示したのである。

「満州事変、支那事変、大東亜戦争等が如何なる経過で起ったかの真相を赤裸々《せきらら》に発表し、而《しか》して今回の敗戦に至った責任の所在を明かにすることは（中略）是非共必要である」

この点を明らかにしないで、「一億総ざんげなどはとんでもない」というのが石橋の見解であった。GHQが民主化政策を日本政府に要求してくる前に、私たちの政府には自主的に民主主義的政策を行う必要があると提言し、そのひとつとして「靖国神社廃止の議」という稿を書いている。九月十三日号である。その中には、「大東亜戦争は万代《ばんだい》に拭《ぬぐ》う能《あた》わざる汚辱《おじょく》の戦争として、国家を殆《ほとん》ど亡国の危機」に導いたとしたうえで、この神社について後世の者はいかなる思いをもつだろうかと論を進めている。

「後代の我が国民は如何《いか》なる感想を抱いて、其《そ》の前に立つであろう。ただ屈辱と怨恨《えんこん》との記念として永く陰惨《いんさん》の跡を留《とど》むるのではないか」

こうした鋭い見解はこの時代の言論を主導していく役割も担った。とくにこの靖国神社廃止の議は、アメリカを中心とする連合国がどういう民主化政策を要求してくるか、東久邇内閣の政府首脳は脅えているときであり、強い衝撃を与えることになった。一体に、といっていいのだが、「大東亜戦争」の総括に曖昧な態度をとっている言論人や実業家、それに政治家に比べて石橋の論はきわめて明快であった。昭和二十年（一九四五）九月から二十一年にかけての期間、誰もが占領状況の様子見の意見を口にするとき、石橋は自らの見解にためらいはもたなかった。この間か、あるいはこの後にということになるだろうが、『湛山回想』の一章に「新日本の構想」を設けて、この期の感情を率直に活字にしている。

この稿の導入部は貴重な指摘である。あえて引用することにしたい。

「日本は、どうして、あの無謀な太平洋戦争を起し、亡国の一歩手前まで転落するにいたったか。その主たる責任が、昭和六、七年以来、しだいに増長した軍部の専横にあったことはいうまでもない。だが、しからば軍部は、どうして、さような専横を働くにいたったか。それには私は大いに日本の政党に責任があると思う」

「日本の政党政治が無残な終末を示したのは、まさに政党政治家の責任であった。彼らは、明治以来、いわゆる藩閥官僚が専権をふるった時代には、たしかに民主主義のコースに従い、閥族打倒の勇敢なる戦闘をした。しかるに一たび、政党内閣制が確立しかけるや、彼らは政党間の政権争奪戦に没頭した。しかも、それがためには手段を選ばず、かつて、その排撃した軍閥官僚の力を利用するにいたった」

こういう政党の腐敗、あるいは異様なまでの政争の背景に何があるか。真の理由は何であったのか。石橋はさらに筆を進めていく。

「一つは日本の旧憲法が、いわゆる大命の降下によって総理大臣を作る制度であったからである。英国でも、同じく国王の命によって首相が選ばれる。だが、ここでは必ず下院の多数党の首領に向かって、その命が下される不文律が行われている。しかるに日本では、右の憲法は閥族官僚に利用され、彼らの好む者を首相にあげる手段に供された。のみならず軍部は、陸、海軍大臣を現役大、中将に限る制度（一時は予備役《えき》までに拡張されたこともあったが）を悪用し、ほしいままに内閣を倒し、あるいは作る横暴を働いた」

政党はこうして軍部に圧されていったのだが、それは政党自身の自覚が足りないとの意味でもあった。明治末期から日本の歴史を見つめてきた一言論人として、石橋が辿りついたのは、「日本国を亡ぼさんとしたものは、かくて、その禍根をさぐれば、明治憲法そのものにあったといえる」との結論だった。こうした指摘はこの時期にはきわめて意義深い。つけ加えておけばこの点では、現在の新憲法はそうした点をのりこえていると認めている点も付記しておくべきであろう。石橋は護憲論者といってよかった。

時代が求めた人物

昭和二十年（一九四五）九月から二十一年にかけての、石橋の三つの仕事のうちのひとつ、つまり言論人としてのこうした活動を見ていくと、戦前と戦後の日本社会の言論状況で、石橋はまさに「歴史的尺度」の役割を果たしていることがわかってくる。その首尾一貫した姿勢は、この国の反骨の気構えがどの程度かを教えているといっていい。私見でこのことを整理しておくことにしたい。

〈昭和二十年八月十五日〉を起点にして、日本社会は「オモテの言論」と「ウラの言論」が入れ替わった。「オモテの言論」とは、端的にいえば国家が公認する言論で、天皇制を補完する論理といってもよかった。非国家、反国家的言論は弾圧、抑圧され、表だって口にすることはできなかった。戦前、戦時下ではこうした「オモテの言論」（つまりは国家公認の言論といってよいのだが）のみが前面にでて、国家や天皇を批判する論理は、すべて弾圧されたために地下に潜っていた。そして密かに人びとの間で語られていた。社会主義的認識などをもとにした言論も地下に潜り、いわばそれらは「ウラの言論」と評してよかった。ところが戦争の終結以後は、「オモテの言論」が「ウラの言論」となり、「ウラの言論」で用いられていた言葉が、「オモテの言論」にと逆転することになった。オモテとウラが入れ替わったのである。この構図の中に石橋の言論をあてはめてみると、その意味がより鮮明になってくる。

戦前、戦時下の石橋の言論は、まさに「オモテの言論」であるにせよ、それは言論弾圧ギリギリの線で書かれた「ウラの言論」ともいえた。そうした例を挙げるならば、昭和十五年（一九四〇）二月二十四日号の社論（「所謂軍人の政治干与　責は政治家の無能にある」）を挙げることができるだろう。ここで石橋は、軍の総意なるものが政治を動かしている理不尽さを指摘している。その批判を内に秘めつつ、一般の国民は「軍の総意」を理解してなく、省部にあって勢力をもつ軍人と一般の兵士などとの関連を正確につかんでいないとの論を展開するのである。そのうえで次のような結論をもってこの一文を閉じている。

「今日の我が政治の悩みは、決して軍人が政治に干与することではない。逆に政治が、軍人の干与を許すが如きものであることだ。黴菌《ばいきん》が病気ではない。其の繁殖を許す身体が病気だと知るべきだ」

この結語は二重の意味を示している。軍人の政治干与が問題であり、それを許しているこの国の政治が問題なんだというわけだが、むろんここでは軍部が批判されているにせよ、政治もまた情けない、だらしないとそれ以上の言葉で批判されている。石橋は戦前にはオモテの言論とウラの言論を巧みにからませながら、自らの意見を伝えているのである。明治の終わりから言論活動を続けてきた石橋は、このころに直線的に政治批判をくり返していた他の言論人（たとえば外交評論家の清沢洌《きよさわきよし》などのような人物）よりもはるかに強靱《きょうじん》な精神を身につけていたことになる。石橋はオモテの言論とウラの言論（戦後は日本の軍事体制のもつ形を代弁する形で地下に潜る形になったのだが）の境目を、戦前・戦中、そして戦後も歩み続けたといえる。やがてＧＨＱの将校ににらまれていくのは、まさにその姿勢にあった。

前述の三つの言論活動のうち、「司令部」についての仕事だが、アメリカの国務省による占領政策に応じて、石橋は利用する、そして利用されるという関係になっていった。石橋は民主化政策の政治的側面として、むしろ経済政策への関心からくる意見具申を続けた。石橋の克明な年譜を見てみると、昭和二十年十一月には、「マ司令部新聞班のミッチェル、ゾーン両名来訪会談（十一月十三日）」「商工省参与を委嘱される。マ司令部よりブラウン来訪（十一月十七日）」さらに「午前、マ司令部ホジソン大佐来訪（十一月二十八日）」という項目が目につく。ＧＨＱの占領政策のアドバイザー役を果たしていたことがわかってくる。

そしてもうひとつが、日本政府関連の仕事であった。戦後の再建復興には大いに協力する気持ちがあり、幣原喜重郎《しではらきじゅうろう》内閣や吉田茂内閣からもさまざまな委員会の委員になるよう頼まれている。石橋の日記によるなら、その委員は十三委員会に及んでいた。大蔵省戦後通貨対策委員会、外務省経済局経済委員会、商工省参与会、学校委員会など各省にわたって石橋の智恵は必要とされていた。

しかしこういうような「時代が求める人物」として一目置かれていることは、ありていにいえば、石橋の能力だけではなく、戦前、戦時下に自らの闘志が評価されている結果ともいえた。時代と闘う姿勢は、石橋の身体中に充満していて、それゆえにＧＨＱからも日本政府からも必要とされていたのである。ＧＨＱのＧＳ（民政局）のニューディーラーたちの中には、昭和四年（一九二九）のアメリカの大不況をのりきったエコノミストたちが含まれていることも石橋には幸いした。彼らに呼びだされても、石橋は臆することなく議論に明け暮れたといわれているほどだった。これは具体的なケースを例にとっての経済論争であったために双方に益することが多かったのである。

政界への転身

敗戦から六カ月余の間、石橋は自らを拘束する一切の縛りから解放されて一人の言論人としての動きに終始していた。

しかし戦後第一回の第二十二回衆議院総選挙が行われた昭和二十一年（一九四六）四月四日に、東京第二区から立候補している。なぜ政治家を目ざしたのか。これは自らの考えを具体的に政治の世界で試そうとの思惑はあったにせよ、その本心は必ずしも明らかになっていない。『湛山回想』には、出馬決定も三月の半ばだったと書き、「元来選挙に全く無経験のものばかりの仕事だったから」見事に落選したと書いている。どこか気ののらない筆調なのだが、選挙に出るまでの強い意思は固まっていなかったというのが正直な感想かも知れない。前述のように、自説を披瀝《ひれき》するにせよ、それが理解されるまでのもどかしさを言論人として味わっていたが、さりとて政治家に移るには、まだ最終的な覚悟が固まっていないといっていいようにも思う。

とはいえ石橋自身は選挙への初出馬の裏には、戦前の議員の多くが公職追放になり、議会が形骸《けいがい》化することはやはり危険であるとし、同時に経済政策ではインフレ必至という状態で緊縮財政に傾く者が多いことに反対だったという点もある。緊縮財政では、国民の時代への関心は冷めていくとの恐れを強めていた。

「これは何とか食い止めなければならぬ。それには、ただ筆や口で論じているだけでは間に合わない。自ら政界に出て、せめて、いずれかの政党の政策に、自分の主張を、強力に取り入れてもらう要がある。これが実は、昭和二十一年の春、立候補した時の私の心情だった」

『東洋経済新報』で主張するだけではどれだけ影響を与えることができるか、それが不安だったともいうのだが、政党に自由党を選んだのもそれほど深いわけがあったのではない。

戦前の言論人という立場では、この党の党首であった鳩山一郎《はとやまいちろう》とは面識はなかった。政友会の体質に不信の念があったと思われるのだが、石橋はそのことについては詳しくは書いていない。現実に石橋には社会党からも進歩党からも入党の誘いがあった。しかし共産主義に対しては反発があり、社会党の容共的体質には距離を置いていた。石橋はつまるところ自由、社会、進歩の三党を比較して自由党に入ったのである。

石橋は、「私の主張に多く耳を傾けてくれる望みがあると思われたのは自由党であった」（『湛山回想』）と考えたからだった。共産主義の色あいがあり、統制経済の政策をにおわせる進歩党にもひとまず線を引くことになった。共産党などからは自由党はもっとも頑迷な保守政党と誹《そし》られていたが、しかし石橋にはここにもっとも自由が保障されているように映った。それが政友会の流れを汲む点への不快感を越えるものだったのである。

選挙戦へ加わったものの石橋はこの面ではまったくの素人であり、資金、地盤もなく、それに大衆にはまだ名前は知られていなかった。しかも東京第二区からの出馬であった。尾崎行雄《おざきゆきお》を始め有力な政党政治家の支援を受けたものの得票は二万八〇四四票であった。このときの選挙は連記制だったために得票数は多く見えるが、しかし五人の当選枠にははるかに及ばなかった。

石橋にとって苦い体験であった。

しかし石橋自身の運命はこの選挙から大きく変わっていくのである。

このときの選挙結果は、自由党が一三九、進歩党九三、社会党九二、協同党一四、共産党五、日向民主党四、北海道政治同盟三、宮城地方党三、広島協同民主党二、日本農本党二、農本党二（定員四六六）となった。全体に保守党が強かったが、なかでも自由党には戦前の反軍的な姿勢の立候補者が多かったために、こうした結果は充分に予想されていた。初めて女性が参政権を得ての総選挙で、女性議員が三九人当選している。

この結果は過半数を制する政党がなかったために連立政権が予想され、どことどこが組むのかが新しいテーマになった。当初は進歩党の幣原喜重郎内閣が総辞職するはずだったのに、なかなか辞めるといわないために各党の間で駆け引きが始まった。自由党を率いていた鳩山一郎は、進歩党、社会党との連立を考えたが、社会党は右派がそれに応じてもいいといえば、左派は連立に応じないと党内の一本化はならなかった。

しかし石橋の側に立ってみれば、自由党の総裁である鳩山一郎が連立政権の交渉中にGHQによって突然公職追放となる状態に驚きをもった。鳩山のパージは予想されていたにせよ、鳩山の立候補のプロセスではGHQは一度もそのことをにおわせなかった。それが突然の追放は、鳩山は戦時中に著した書の中で、ヒトラーやムッソリーニを礼賛《らいさん》していたことがわかったからとされた。加えて昭和八年（一九三三）の文部大臣の時代に、京都帝大教授の滝川幸辰《たきかわゆきとき》らを左翼的であるとして追放したことなどがマイナスとなって追放と決まったとされた。それにしても、そうした情報がGHQに告げられるのは日本側から鳩山追放を企図したグループが存在したとも指摘できる。

あえてここでふれておけば、この公職追放は政治家の私闘というべき側面もあり、石橋の場合も後述するようにその気配が窺えるのである。

吉田内閣で蔵相に就任

鳩山は追放が決まると、自由党の後事を吉田茂に託することになった。吉田のほかに古島一雄《こじまかずお》や松平恆雄《まつだいらつねお》などの名があがった。芦田均《あしだひとし》の名もあがったが、この段階では政治的野心がないほうがいいというので、芦田の名はいつのまにか消えて吉田にとなった。鳩山と吉田の間では後事を託するにあたっての条件が話し合われ、吉田には政治的基盤がないことを確認したうえでとにかく吉田が自由党総裁の地位に就き、進歩党とともに連立内閣をつくることが決まった。そして組閣が始まったのである。

石橋の目から見ると、鳩山がGHQに嫌われたのは、すぐに反共主義を口にすることによって「右翼的危険人物」と見られたのではないか、という点にあった。確かに昭和二十一年（一

1946年5月22日、吉田茂自由党総裁（前列中央）が第1次吉田内閣を発足。石橋湛山（前列左から2番目）は大蔵大臣のポストに就いた。共同通信

九四六）、二十二年にはＧＨＱ内部にも容共派のニューディーラーたちが数多く存在したのである。

吉田は組閣にあたって自らの意見を通そうとするが、それは党を動かしていた三木武吉《みきぶきち》や河野一郎《こうのいちろう》が許さない。党側は鳩山内閣を組閣する予定でいて、閣僚も大枠で決めていた。石橋は大蔵大臣に擬《ぎ》せられていた。それがそのまま吉田に託された。吉田としては農商務大臣に学者や官僚を使いたかったのだが、それはほとんど認められなかった。石橋はこの入閣について、「大部分の人事は、すでに鳩山氏の手で行われ、吉田氏は、ほとんどそのままに引き継いだ」（『湛山回想』）と書いている。

石橋と吉田は確かに戦時下でも面識が

あった。とはいえ肝胆相照《かんたんあいて》らすというほどの仲ではなかった。外交官と言論人とお互いに属する分野が違うのだが、強いていうなら軍事主導体制に反感をもっている点が共通点であった。こうした関係について政治評論家の阿部眞之助《あべしんのすけ》（その後NHK会長などを務める）の書（『戦後政治家論』）には、石橋湛山を論じた章があるのだが、そこには「彼を蔵相に推したのは、財界の要望によるもので、吉田が選択したものではなかった。（中略）両者の関係は、徳川幕府と外様大名との関係であった。とかく外様大名が、徳川幕府に煙たがられたように、吉田には煙たい存在だった。石橋蔵相は、他の戦後閣僚にみるように占領軍のカイライに甘んずることができなかった」との一節がある。

吉田と石橋の関係は言われているように、初めから密だったわけではなかったのだ。戦前、戦後の会合で顔を合わせることはあっても信頼関係が固まるような間柄ではなかった。吉田は対英米との協調論者であり、「大東亜戦争」への反対もその線に沿ってであった。反して石橋は日本の帝国主義的な戦争に反対だったからである。それが後の対立関係の伏線だったといってよかった。

石橋は第一次吉田内閣の在任期間、このポストに就いていた。昭和二十一年五月二十二日にこの内閣は誕生し、翌二十二年四月二十五日に衆議院選挙で自由党が破れ、今度は社会党を中心とする連立政権の誕生までのわずか一年足らずである。しかし石橋は述懐しているのだが、大蔵大臣の期間の課題とそれに取り組んだプロセスを書くならば、「大きな一冊の本」になるというほど、めざましい仕事ぶりだった。これは誰にも認められた。この間の年譜を見るとわかるのだが、占領軍による民主化政策は、そのまま労働者たちのスト、消費者物価高騰に関しての庶民の生活感情、さらには日本はどのような国になるだろうかとの不安とも結びついた。世情は騒然としたなかでの大蔵大臣としての仕事ぶりだった。

この間の仕事ぶりについて、石橋は『湛山回想』で思いつくままにという筆調で幾つかの懸案にいかに対応したかを語っている。この内閣は憲法改正にも取り組まなければならなかったのだが、そういう国家の基本的骨格とは別に日常生活の建て直し、つまり国家財政の正常化を何よりも必要とした。軍事費は昭和二十年度には一般会計予算の中に七〇%余も占める状態になっていたが、同時に臨時軍事費が膨大な肥大を示していて、何よりもまずその手直しこそが求められていた。

石橋は直接憲法に関わることなく、この日常生活の建て直しに奔走《ほんそう》している。むろん吉田内閣の閣僚として、この憲法に相応の責任をもっていることは隠していないが、後述するように第九条に関しては独自の見解(凍結論)をもっていたのである。

ＧＨＱへの注文

このころの日本経済は戦争終結後の混乱の中にあった。生産力は落ちているのに消費意欲は高まっていて、通貨はふくれあがり、まさに悪性インフレの道を進んでいた。とにかく経済を正常の姿に戻すというのが吉田内閣には課せられていて、石橋はその第一線で自らの理論をもとにこの国を救わなければならないとの使命感をもっていた。石橋の理論はインフレ財政論と当時の新聞などでは総称されているのだが、その根幹は第九十回議会などでも一部語っている。それについて主要点は次の二点に絞られるともいえた（この引用は戸川猪佐武《とがわいさむ》著『昭和現代史』）。

「財政の収支が均衡しても失業者が溢れ、生産が遊休状態にあっては健全財政ではない。わが国の経済はそれである。かかる状態のもとにおいて、通貨が膨張し物価がとうきしているが、これは普通の意味のインフレではない。今日のインフレは通貨収縮のデフレ政策によって処理できるものではない」

「遊休状態にある生産を活動させ、完全雇用に転じなければならない。このためには通貨が膨張し、財政収支がアンバランスになって赤字を出してもさしつかえはない。これこそかえって真の健全財政である」

この論は、通貨を膨張させながら生産設備の拡充を図り、電力や石炭などの主要産業の生産力を高めて、生産活動の規模拡大に結びつけようとの狙いがあった。遊休生産設備を動員させることにより、ここに失業者も吸収して、労働力の均衡を保っていこうというのであった。このために財政赤字になったところでそんな事態は恐れる必要はない、というのがその本質であった。石橋は積極的に生産力拡充を図ることで、このころにあからさまな行動に出ていた財政の専門家としての試金石の役を引き受けた。

石橋には戦後復興のために財政の正常化を図るとともに、皮肉なことに戦争処理の財政的な方針についてその考えを求められることにもなった。そうした施策について、石橋は少しずつその政策を進めていったにせよ、議会内部の同意はもとより、国民に向けての経済理論は実際のところそれほど楽観視して迎えられたわけではなかった。

石橋はまず炭鉱に増産を促すために予算を投入することに意をそそいだ。炭鉱経営者を集めて、「とにかく政府はカネをだすから増産に努めよ」とゲキを飛ばした。炭鉱の坑木がないとか、地下足袋がないなどというな、それだけの資金や物資は調達するから、「年産三千万トンの増産を約束しろ」と詰めよったのである。経営者側も労働者側もこの申し出に応じた。その同意をもとに国会でもまずこの方向で進めていくと約束している。ところが、こうした石橋の案がＧＨＱの許可を得られなかったのである。

　ＧＨＱ側は、炭鉱に補助金はだしてもいいが、本来なら決算において赤字のところだけにだせばいいのであり、そのほかにはまったくだしてはならないという命令であった。しかし炭鉱の増産を図るには、大いに資金を投入する以外に名案はなかったのである。そこで政府はとにかく幾つかの名目をつけて、炭鉱に予算を回し、復興金融公庫からの資金も優先的に炭鉱企業に回した。

　そのために確かにインフレは加速されることにはなった。しかしその危険を冒さなければ、石炭の確保はできず、汽車もあるいは止まったかもしれないと石橋は述懐している。

　このころの石橋はその福々しい顔をほころばせては、行く先々で、「私の顔を見ただけでなんとなく景気がよくなるような気がするでしょう」と笑顔をつくり続けた。その笑顔で国民に安心感を与えようというのであった。生来福々しい顔ではなかったが、それでも石橋は懸命に笑顔をつくり続けた。景気が悪い、インフレで日々の生活のメドがたたない、そういう声に石橋は自らの性格で対応する以外になかったのだ。

　まさに軍国主義にかわって民主主義の時代になって、指導者にはそのような態度が必要とされたのである。

　石橋財政は少々のインフレに目をつぶっても積極財政にのりだすことで、生産力の拡充による日常生活の安定化を図ったわけだが、それは石橋が批判してやまなかった軍事体制、そのもののツケを払うとの意味もまたもたされていた。石橋にとって、戦争の清算を行うという意味では、勝者や敗者の区別はなかった。GHQの日本占領において使われる諸経費は、終戦処理費の名目で一般会計予算から支出されるのであったが、石橋はこの削減にもっとも積極的になった。これが因《もと》となってGHQとの関係がこじれていった。もっとも石橋自身は、これが原因で追放を受けたわけではないとも書き残している。

もとよりこの終戦処理費は、賠償の意味もあった。日本に駐留するGHQの宿泊施設、その軍事的駐留費などが、日本の財政を圧迫するのは目に見えていた。石橋はもともと戦後の日本社会にインフレが起きるとするなら、第一次大戦後のドイツと同様に過大な賠償金によるとの持説があり、それを財政の責任者としてもっとも恐れていた。

大蔵大臣に就任して四カ月ほど経て、石橋はこの終戦処理費について大蔵省の立場から具体的な調査を行ってみた。すると進駐軍の各種工事は外務省のルートで行っていて、まったく監督がゆき届かず予算の使い方が杜撰《ずさん》なことがわかった。地方では、地方に駐屯《ちゅうとん》する進駐軍が地元業者と直接交渉を行って勝手に工事を進めているのである。いずれのケースでも業者が税金をくいものにしている実態が浮かびあがってきた。

こうしたムダの中には将校の宿舎やゴルフ場などの新設も含まれていた。

「こんな状態じゃ日本の財政は日米双方のとんでもない連中からくいものにされていくだけじゃないか」

石橋は怒った。そこでGHQ側に自らがまとめた要求をつきつけたのである。将校用のゴルフ場など可及的速やかに工事をやめなければならないものもあった。進駐軍の面々に大蔵大臣としてこれだけのことは守ってほしいと強硬に要求をつきつけた。ムダな工事をやめさせると同時に、全国に散在する多くの工事を改めて査定し、予算のムダづかいを防いでいった。「われわれの、その時の計算では、少くも平均二割の削減を行い得る」と考えていた。こういう英断は、そのころの絶大な権力者であるGHQに対して真っ向から、敗戦国とはいえ正論をぶつけたことになり、それはまさに気骨の士の意地でもあった。

石橋自身はこの終戦処理費の削減は何も不当なことを行ったわけではなく、財政の専門家としてあたりまえのことをあたりまえとして行ったにすぎないと信じていた。

労働サイドからの攻勢

昭和二十一年（一九四六）は、日本が戦後を迎えて初めて平穏のうちに迎えたとはいえ、インフレの収束、産業復興などはやはり簡単に進まなかった。石橋も認めているのだが、そういう現実に加えて、それまでの日本にはなかった労働者側からの攻勢が一挙に高まった。とくに労働三法（労働組合法、労働基準法、労働関係調整法）が成立し、労働者は自らの権利を守るという方向で政府とは厳しい対決姿勢を示すに至った。石橋にとって、この体験はその後の政治活動の中でプラスに働くことになる。

実際に労働者一人一人の生活は苛酷《かこく》なものだった。食糧危機は深刻であり、軍事補償は財政上無理だとなって企業の首切り政策も進んだ。解雇せずとも労働者たちの人員整理が日常的になっていく。昭和二十一年十月五日に放送局のストライキが起こってからほとんどすべての企業でストライキやデモが頻発することになった。これが結集する形になり、「二・一ゼネスト」が一般社会にまで影響を及ぼすと予想される段階に至った。

もとよりこの広がりの背景には共産党の指導があったとされている。

吉田内閣はこういう労働攻勢に、現実には有効な手は打てなかった。昭和二十二年（一九四七）二月一日に全国の官公吏や主要産業の労働組合が一斉にストを行うとの声明が発せられたのは一月十八日のことだったが、これに対して吉田内閣はすぐに政府声明を発している。その声明について石橋はとくに感想は述べていないが、もともとは労働者の立場にも理解があったがゆえに、石橋としては内心複雑な心境だったとも考えられる。

政府声明は、組合からだされた待遇改善を現段階では認めるわけにはいかないと具体的な数字を挙げて反論している。次のような内容が書かれていた（これは石橋の『湛山回想』からの引用でもある）。

「(現在の給与水準を三倍にせよというのは）一般会計において本年度当初予算の租税収入見積を二倍にし、鉄道運賃を約三倍に、通信料金を十倍以上に引上げなければ、まかなえないものである」

そのうえで政府としては、「ゼネストの惨害を極力防止するため」に幾つかの妥協案を考えたとしてその内容を明かしている。

「給与については民間における水準を目途として、一月から基本給の最低三二・五%、最高二倍の暫定給与を、上に薄く下に厚く支給する。これは現在の月収の四二%増に当る」

こうした案を骨格に組合側と折衝しているのだが、組合側は納得しない。二月一日が迫ってくるのに焦った吉田内閣としては、組合側と日を追って交渉を続けていく。石橋は財政側の責任者としてさらに妥協案を練り、一月三十一日に首相官邸で組合側の代表が来るのを待っていた。それまでの政府側と組合側の交渉では石橋も出席して、財政危機を訴えて待遇改善に対応していたのだが、一般に流されていくニュースでは、石橋が組合側にもっとも冷淡な態度をとっていただけでなく、「君らとあくまで戦う」と宣言したなどとも報じられていた。なかには石橋蔵相は初めから喧嘩《けんか》腰《ごし》であり、組合側に何らの同情も示していないといった形の報道もされていた。

現実に財政の責任者として、財布の紐《ひも》を締める立場にいたためにこのような偽りの姿が流されたともいえるが、こうした報道はいずれも石橋にとってこのあとの政治行動ではマイナスに作用した。石橋が公職追放になった折りに意外に同情がわかなかったとの説もあるが、これはこのようなニュースのせいだったのかも知れない。

三十一日の夜に予定されていた労働側との会談は、結局は労働側が官邸にこなかったために中止になった。共産党の徳田《とくだ》球一《きゅういち》が中央労働委員会（中労委）の労働側の委員としてやってきたが、「日本民族の権威のため組合は断固ゼネストに突入する」と伝えて帰っていったという。

二月一日のゼネストは、一月三十一日のマッカーサーの指令によって禁止となった。この決定には労働側も従わなければならなかった。占領下の最高司令官の命令であり、これに抗することは許されない。マッカーサーは声明の中で、このストは許されないことを諄々《じゅんじゅん》と説いたと石橋はいい、その意味では「親切丁寧をきわめたもの」と評価していた。同時に石橋は、この二・一ゼネストを通して政治家としての精神を学んだようであった。単なる財政専門家の枠組から出て、政治家としての度量を身につけなければならなかった。この一年足らずの大蔵大臣としての立場で、石橋はある覚悟を身につけたといってもよかったように思う。

二・一ゼネストで学んだことは次のような一節に凝縮していたのである。

「二・一ゼネストは、いうまでもなく、最初から共産党が指導し、仕組んだものであった。あるいは、彼らは、この一挙によって、日本を革命に導くつもりであったとも伝えた。しかも、私は当時それほど危険のものとも感じなかった。全官公庁の職員の大多数は、もちろん共産党員ではない」

「私は、どんなに気の立った会見の席に出ても、面と向かって無礼の言を浴びせられたこともなかった。必要なことは身をもって、こちらから飛び込み語り合うことだと考えた。思想は思想をもって戦うより外に道はない。いたずらに権力をもって圧迫することは、決して巧妙な労働対策でも、共産党対策でもない。二・一ゼネストの際の経験は、私に、こう教えた」

「私は三十日の午後八時からラジオで全国に向かって放送し、政府の苦衷を訴えた。（中略）私の放送には、たしかに手ごたえがあった。国民の多数は決して政府の敵ではなかった。官公庁の職員も、その少なくも幹部は、決して共闘の指令に従うものではなかった」

石橋にとって、とくに二つのことがこの後の初心ともなったと考えられる。第一は、共産主義とはこれまでも一線を画してきたが、それは誤りではなかったということであり、第二は、胸中を正直に打ち明けて説得すれば、人はのちにどういう判断をするかは別にして必ず受けいれてくれるとの鉄則である。この二点は、政治家になっても石橋の柱になっていたことがわかる。石橋の人生観というべきでもあった。

こういう石橋について、首相の吉田茂はその後に著した回想録（『回想十年』）に次のように書いている。

「石橋君は、持前の自信の強さと、積極的な論法とで、石炭問題でも給与問題でも、何にでも身をもって出掛けてゆき、問題を一身に背負ったような恰好になっていたが、私の目から見れば、勿論頼もしいには違いないのだが、正直にいって何かしら八方破れのような感じがしないでもなかった」

この表現の中に官僚畑で育ったわけではないので、優等生的ふるまいに欠けるとのニュアンスがこめられている。「八方破れ」の意味は、官僚らしい計算高さ、あるいは官僚が身につけている処世の智恵、そんなものは見当たらないとの言であった。吉田の目にはよくいえば野人、悪くいうと自らの視界に収まる人物ではないとの判断があったということになるだろう。

二人の体質はまったく異なることが明らかになっている。

占領下の日本政治は、もとより独立国家とは異なってすべて占領軍の指示の中にあった。全体に、といっていいのだが、日本人の国民的性格といったいい方になるのだろうが、大体はその命令を受けいれた。だが石橋は、前述のようにGHQの厭《いや》がることでも平然と主張するタイプであり、それが日本社会で人気がわいてくる政治家だったのである。

社会党との連立工作

昭和二十二年（一九四七）二月七日に、GHQの最高司令官であるマッカーサーは、吉田首相に衆議院の解散、総選挙を命じてきた。ゼネスト後の日本社会の傷跡がどんなものか確認することと、もうひとつは日本の政治を安定させるために、議会政治を健全化させるとの狙いもあったようだった。そしてあえていえば、GHQは吉田茂の統治能力に限界があることを知ったことになる。この人物は、真に我々の側に立つのだろうかとの疑問をもった節もある。GHQ内部の容共派的存在でもあるGSの局長コートニー・ホイットニーやその部下のチャールズ・ケーディスはとくにその懸念が強く、吉田を代えたいとの思惑で選挙を命じてきた節もあった。同時にこの指令は政党再編成を促すことにもなった。この間の動きはこれまでの政党史にも充分書かれているとはいえない。幾つかのグループがそれぞれ独自に動いて、統一会派をつくろうとしていたからだった。

吉田首相自身、自由党と進歩党の保守勢力では、二・一ゼネストを見てもわかるとおり政局をのりきれないと見てか、社会党との連立をひそかに画策していたのである。これが失敗して閣議に報告されたとき、石橋は驚いた。吉田の反共体質を知っていて、社会党にも批判を浴びせていたからである。政界のもうひとつの裏側を見たと思った。同時に石橋は、そのような状況を見ながら、政治の世界ではどんなことが必要とされているのか、すぐに肌で知った。

マッカーサーが解散・総選挙を命じてくる前日（二月六日）に石橋は、大蔵大臣官舎に社会党の書記長である西尾《にしお》末広《すえひろ》を呼んで会っている。社会党の考えを知りたかったからだが、この席で西尾は、この世相でとくに吉田内閣を拒むつもりはないといいつつ、石橋財政は労働者に厳しいと大蔵大臣は辞めてほしいとの意向をもっていることを知った。そのことはすでに新聞にも報じられていたが、石橋は改めてこの事実を知り、西尾に言っている。

「自由党、進歩党、社会党の三党連立ができて難局を乗り切りうるというなら、私はいつでも大蔵大臣をやめる」

いわば啖呵《たんか》を切ったことになる。

そして二月七日にマッカーサーの指令が届いた。

石橋は、吉田に前日の西尾の言を伝え、私を辞めさせることで三党連立ができるならば、正式に交渉していいか、といって諒解を得ている。二月九日に社会党の西尾末広、水谷長三郎《みずたにちょうざぶろう》、進歩党の河合良成《かわいよしなり》と石橋の四人で会談し、大まかな方向をまとめ、二月十二日に再び四人で会い、約束を成文化している。結局、この約束は実らなかったが、四人で決めた「政策協定（案）」は、政党間の政治休戦を行うことによって、次期の総選挙を円滑に行うとしている。そのうえで連立内閣の閣僚は自由党が五、進歩党が四、社会党が四で、協同民主党と国民党からそれぞれ一議席と配分することを決めた。政策については、社会党が提起した危機突破対策（産業復興、労働対策、インフレ克服、民生安定対策）をもとに進めていくことになった。

このように社会党の政策を取り入れていくにせよ、こうした政策をいかに進めるかについての具体策は充分に練られているとはいいがたかった。ただ石橋は自由党の内部にいて、このような政策について一家言もっていることを党内に知らせることになった。石橋は議会政党内部でこのときをもって政治家としての交渉の技術をさらに積み重ねた。

この案がまとまらなかった理由のひとつは、社会党が要求していた「石橋蔵相を連立内閣から外す」という一条件であった。西尾書記長はこの条件を外すべく努力を続けたことを石橋は知っていた。そこに二人の信頼という感情が生まれたのであった。ただ石橋から見れば、「戦時公債の利払い停止」と「新円封鎖」は妥協のできない政策であり、大蔵省などの意見を聞いて政治の道を歩む人以外に多くの賛同者が得られないのもまた理解できた。

社会党を中心とする連立政権

ＧＨＱの命を受けての新憲法下の選挙は、昭和二十二年（一九四七）四月二十五日に行われた。この選挙は石橋のインフレ財政の波のもとで行われたのだが、国民生活は依然として苦しく、ある統計によるならば昭和九年（一九三四）度から十一年度の消費者物価指数を一とするなら、この昭和二十二年度の消費者物価指数は九八・四倍まではねあがっているとの結果がでていたというのである。それは社会党への期待票に転じる理由となった。さらに前回の総選挙で候補者や小政党が乱立したが、このときはそういう動きはなかった。国民の間にも現実に政治を動かしている政党への関心が高まっていたのである。

石橋はこのときに静岡県第二区から立候補した。新憲法下で初めての選挙であったが、石橋がこの地から出馬したのは、公職追放中であった佐藤虎次郎《さとうとらじろう》からの選挙地盤を引き継ぎ、自由党の有力者たちから多くの支持を得たからであった。加えて石橋は大蔵大臣を経験したためか党内の序列も一気に高まりこのときには自由党の選挙対策委員長となって自由党議員のために全国を走り回り、地元に駆けつけたのは終盤の最後の一週間であった。それでも石橋は、この地で最高得票数を得てトップ当選を果たしている。

全国を走り回っているうちに、石橋の名は一躍知られるようになり、自由党の有力政治家の一人になった。このときに新聞記者から転じて政治家となった石田博英《いしだひろひで》は、政治家として石橋の最初の門下生のような立場になっている。昭和三十一年（一九五六）十二月の自由党総裁選では石橋の参謀の役を果たしているが、のちに著した書（『石橋政権・七十一日』）の中では、「（この選挙を通じて）自由党の実力者ぶりを内外に印象づけたのである。次期総裁は石橋――の声がにわかに高くなってきた」と書いている。石橋のこの台頭は、吉田茂を驚かせるものだったのである。

これは石橋の年譜に記載されているのだが、立候補のあと石橋は、内閣総理大臣の名（吉田茂）で、ある証明書を受けとっている。それは、「（石橋湛山の）公職資格は言論報道機関関係者たる事実を除いては、全部審査済みであることを確認する」という内容である。石橋湛山という名は、戦時下でも言論界や経済人の間ではよく知られていたにせよ、一般にはあまりその名は知られていない。世間には、石橋とはどんな人物なのか、の声があった。そのために立候補届けをだして十日ほどあとに、石橋は言論人であって公職の身で戦争協力したわけではないと改めて、吉田の名で世間に知らしめることになった。

この新憲法下での初めての選挙で、石橋は自由党の選対委員長として選挙の指揮をとったのだが、しかし自由党は一三一議席で第二党になった。第一党は社会党で一四三、自由党に続いて民主党一二一、国民協同党二九となった。自由党は第一党の地位を失うことになり、社会党を中心とする連立政権樹立に政党の動きは強まった。つけ加えておけば衆議院に続いて参議院選挙（四月二十日）が行われ、無所属が一一一、社会党四七、自由党が三八、民主党が三〇、国民協同党九、共産党四、諸派一一となった。社会党の人気が高まったのである。

新憲法の理念と社会党の立党方針とがさしあたり国民には受けいれられたといえるだろう。こういう時代背景のもとで、いずれにしても連立内閣であれば、社会党が中心になるにせよ自由党が参加するのか否かが各党の駆け引きとなり、一カ月近くの時間をかけて、つまりは社会党を中心とする民主党、国民協同党の連立政権が誕生することになった。

この間の政争の中心は、社会党を中心とする連立政権か、それとも自由党を中心とすべきか、各党間の間で駆け引きがあった。自由党の吉田や石橋は、やはり第一党が軸になっての政権をつくるべきと主張し、その後に社会党プラス保守勢力（民主党、国民協同党）になり、いずれは自由党単独の政権を目ざすべきだと主張した。確かに原則的な内閣のあり方であった。自由党のなかには石橋のようなリベラルなグループもいる半面、戦前型の保守的な人脈も残っていて、彼らは社会党との連立に抵抗を示し、委員長の片山哲や書記長の西尾末広などには右派というので警戒心を解いていたが、左派グループについては共産党と同列視して抵抗感を隠さなかった。

この連立政権構想は、各党の主要人物から見れば駆け引きという形での政治闘争になった。西尾は、内心では社会党が主軸になるのが六分、自由党は四分だろうと見ていた。その自由党が吉田や石橋にしても第一党が前面にでればというのだから、話は円滑に進み、ここに片山が吉田のもとを訪れて内諾を得る形になった。

しかしこうした政治闘争を分析していくと、自由党の中には共産党に対する強弱の差こそあれ一定のアレルギーがあることがわかる。自由党の幹事長の大野伴睦《おおのばんぼく》などは「社会党左派は共産党と一体である」とくり返し、それは吉田にとっても同意できる意見であった。石橋はこうした反共主義をあからさまに語ったりはしなかったが、しかし自由党の反共路線そのものには同調していた。

結局、社会党の片山委員長が首班となっての内閣が正式にスタートしたのは、五月二十四日であった。自由党は参加せず、民主党と国民協同党が加わることにより、この政権は社会党右派の西尾派と民主党左派の芦田派（芦田均を中心とするグループ）が支える形になった。

このような一連の政治ドラマの蔭に、GHQ内部の民主派であるGSと反共派のG2（参謀第二部）の対立があったことは今となっては知られている。GSは片山らの社会党を中心とする内閣を支えて、日本社会の民主化をまずは目的としていた。これにはホイットニーやケーディスらが支えとなっていた。これに対してG2の部長であるウィロビーが強烈な反共色を打ちだしていて、とにかく日本を極東の反共拠点にすべく、自由党の反共派やさらには旧軍人の主要幹部と連携をとっていて、民主国家というより、反共国家の形をとろうと画策していた。このウィロビーと吉田茂は密かに連携をとっていて、帝国ホテルの社長犬丸徹三《いぬまるてつぞう》が仲介する形で両者の考え方の調整を図っていた。このことは政界ではまったく知られていなかったのだが、石橋もまた吉田のこういう一面については知らなかったのである。

石橋は、この連立政権をめぐる政治的闘争では一貫して、第一党に政権を、という議会政治の正道を語り、そのために自由党が姑息な手をつかって政権をにぎるなどとは考えてもいなかった。退くべきときには退くべきなのである。「にわかに議員をかき集めて、第一党になるなどという卑劣な考えは毛頭いだかなかった。（中略）国会で必ずしも第一党の首領を総理大臣に指名しなければならない理由はないということも、理屈としては一応そのとおりに違いないが、しかし実際の運用としては、やはり第一党の首領をおすのが憲政上最も好い先例を残すものである」と語って、その折りの心境を明らかにしている。

吉田への複雑な思い

吉田首相、石橋蔵相という第一次吉田内閣の関係は、実は表面的には円滑にいっているように見えても一皮むけば、必ずしも政治的同志とはいえなかった。吉田首相自身はGHQとの関係を円滑にしての権力構造をもっていたが、しかし石橋は前述のように財政政策ではGHQのGS将校との関係は円滑ではなかった。戦後処理費をめぐって、GS側の占領アメリカ軍の将校の私的な生活にまで及ぶ財政支出には頑強に抵抗を示した。そういう硬骨《こうこつ》な士に対する吉田の見方は必ずしも好意的ではなかった。のちに吉田が著した回想録（『回想十年』）の中には、次のような一節がある。これは重要な記述なので紹介しておくことにしたい。

「(昭和）二十一年秋から二十二年の春に掛けてのあの頃は、一日一日がインフレーションの進行だった。米、石炭、賃金、ストライキ、追加予算、闇物価、色々な要素がどうにもならないような勢いでグルグル廻りを始めたような感じだった。私自身、率直にいって多少の不安があったことは認めざるを得ない。経済問題や労働問題を担当している閣僚達も、次から次と起こってくる問題に、まともに取組んで苦労はしているものの、いささか奔命に疲かれているという感じがないでもなかった」

そう言ったあとで、前述の71頁の引用に続くのだが、重要なのは、「正直にいって何かしら八方破れのような感じがしないでもなかった」との一節である。

吉田のこの石橋評はかなり微妙である。あえていうならこの表現にひそんでいるわだかまりは、吉田の性格からいえば石橋は「時代を読まない」という形の批判をしているようにも見えるのであった。つけ加えておくが、石田の参謀役であった石田博英はその著の中で、この部分を引用しながらさりげなく、「ここには、閣内でも党内でも実力を発揮し、次期総裁の声さえあがっていた石橋蔵相に対する吉田首相の複雑な心境が正直にでていて興味深いものがある」と書いている。はっきりいえば吉田の中に嫉妬《しっと》に似た感情が生まれていたと匂わせているのである。

GHQ内部の確執、GHQ内部の特定の人脈と連なる吉田茂首相、GSにあった反石橋感情、それに加えて吉田の石橋を見つめる屈折した感情、それらのすべてが一点に集約される形で、歴史の年譜にあらわれていたのが「石橋の公職追放」であった。とくに公職追放の権限をもっているGSの幹部たちは、石橋が彼らの前にでても自説を曲げず、時には説教調の口調で自らの財政政策を説き続けるのに不快感を隠さなかった。前述のように終戦処理費のカットだけでなく、戦時補償費の打ち切りや石炭増産における炭鉱経営者への支援などに、彼らは強い怒りを示した。

そのような怒りはGHQ内部からも石橋のもとに伝わってきたが、しかし石橋はそのような助言や忠告にもまったく臆することはなかった。「なぜ民主主義の国が僕を批判できるんだ」とか「バカなことをいうな。ぼくの戦時下の言論を見てみるがいい。どこが追放に値するというのか」とまったくとりあわなかった。石橋はまさに揺るぎのない信念の士としての誇りをもっていた。

石橋のこのような性格はこの期の政治家の資質としては特筆されるべきものだった。政治評論家の阿部眞之助が石橋湛山論でいみじくもいいあてているように、「(石橋は)他の戦後閣僚にみるように占領軍のカイライに甘んずることができなかった。これは、近頃流行のレジスタンスという如きものではなく、主として性格から来た反抗だった」と見るべきだった。

それだけに辛苦の場に置かれたとき、どのような性格が真の気骨ある人物になりうるのか、この期の石橋は自らその目で確かめることになった。石橋の「公職追放劇」が、どのような思惑のもとで行われたのか、そのことを正確に記録しておかなければならない。

第二章　反吉田への思想と軌跡

いわれなき公職追放

石橋のもとに、ＧＨＱ（連合国軍総司令部）側から公職追放の連絡があったのは、昭和二十二年（一九四七）五月八日のことだった。衆議院選挙で初当選を果たし、さてこれから政治家としての道を歩もうとしているときでもあった。この総選挙から十三日目というのは、確かにある噂を裏づけることになった。というのは、石橋にはこの年二月ごろから、「ＧＨＱは石橋の追放を画策している」とか「石橋の戦前の言論の中で軍部を容認するような社説を捜している」といった噂が耳に入っていたからだ。

ＧＨＱのＧＳ（民政局）の局長ホイットニーは、確かに民主派のリーダー的存在であったが、同時に占領軍としてこの国を自分たちの思うようにつくりかえようと企図しているのに、それに抵抗する石橋は目の上のたんこぶのような存在だったのである。本来なら公職追放は、日本政府に行わせてＧＨＱは前面に出ないように配慮しているのに、石橋だけにはそのような形をとらなかった。それだけＧＨＱのＧＳ将校の反石橋感情は高まっていたともいえる。この高まりはＧＨＱの民主化がきわめて恣意的であることを物語っていた。

ＧＨＱの説く日本の民主化とは、つまりは、アメリカの国益に合致する「アメリカンデモクラシー」であった。そのことは結果的に、石橋の追放のプロセスを見ることで、より明らかになってくる。

まず初めに、この追放に関する動きについて、石橋側の受け止め方を石橋湛山年譜（『石橋湛山全集』第十五巻に収録）から抜きだしてみよう。

〈昭和22年〉

5・8　マ司令部（ホイットニー）より内閣に対し石橋をＧ項該当者と指令する旨の覚書がくる。これについて9日、14日、17日と吉田首相と会談。

5・9　マ司令部の追放覚書に対する抗議書を起草。吉田首相と会談、吉田首相より公職追放につき了解を求められたが拒絶する。終わってマーカットを司令部に訪ねたところ、かれは追放処置に驚いた様子を示す。

5・16　林内閣書記官長、山県終戦連絡事務局次長が、吉田首相の命により万策つきて公職追放せざるをえぬ旨伝う。

5・17　内閣より16日付の公職追放指令発表される。それは昭和22年閣令内務省令第一号別表第一の七（Ｇ項）に該当することを根拠とし、司令部の追放理由文を付している。

5・19　自己の公職追放について首相および中央公職適否審査委員会に質問書を提出する。

以上が「公職追放」時の内実なのだが、むろんこのあと石橋の追放解除を求める戦いは六カ月余に及んでいる。五月十七日の公職追放から三日後（五月二十日）に吉田内閣は総辞職している。石橋もこのときに大蔵大臣のポストを離れることになった。つまり大蔵大臣石橋を次の内閣では、決して入閣させてはいけない、今回の衆議院選挙に当選したといっても政治家としての身分は剝奪されるという形になった。あえていえば、「お前は黙っていろ。あれこれ我々のいうこと、行うことに口をだすな」というのが、ＧＨＱの民主派将校たちの本音だったのである。

石橋側の動きは、前述の年譜によって俯瞰図がわかるわけだが、しかしこうした時系列の動きをもっと細部にわたって見ていくと、多くの事実が浮かんでくる。このことをまずはっきりとさせておかなければならない。石橋の公職追放を認めるということは、近代日本史そのものの評価をめぐる問題にゆきつくからである。私は、ここに「石が浮かんで木の葉が沈む」といった歴史的愚行を読みとっている。

「昭和二十二年の二月ごろ、どこからともなく〝石橋追放〟のウワサが流れはじめた」

と石橋は言い、次のように証言している（『週刊東京』一九五八年二月一日号。この証言は『自由思想』二〇二〇年十月号にも再録されている）。石橋の本音をあらわしているので引用しておこう。

「『どうも、総司令部（注・GHQのこと）の空気が変です。いまのうちに手を打っておいたら……』

こんな忠告やら情報が、しきりに私に伝わってくる。向っ気の強い石田君（博英氏。労相）までが、『先生、少し心配ですね』という。自由主義者として、なんら良心に恥じる覚えのない私は

『そんなことはないだろう。マーカット局長に招かれて、これから出かけようかと思っているのだ』

と相手にしなかったものだ」

石橋自身、こうした噂は、政治家になればつきものといった程度に思っていたということだろう。確かにこの日、石橋はGHQのマーカットに会うことになっていた。マーカットとは、軍需補償打ち切り反対（戦時補償千億円を国民に支払うという日本側の案にGHQは反対していた）のGHQの方針に異議を申し立て、執拗にねばり強く説得を続けていた。このねばり強さに当時の大蔵省の官僚は一様に尊敬の念をもったと、国税第一課長の前尾繁三郎は書き残している。

結局、石橋の方針はマーカットに認められなかったのだが、その折りに密かに涙をふいていたとの大蔵官僚の証言もあるという。

マーカットは経済局長として、石橋の国民を思う気持ちに密かに心打たれ、追放された日に

石橋に会った折りに、「近頃、石橋さんの追放の噂があるがそんな心配はいらない」と励ましていた。しかし民政局の側がすでにその手続きをとっていたことがわかり、マーカットもどのような手も打てなかったといわれている。

ＧＨＱの経済関係の部門とのこの円滑な関係により、ＧＨＱそのものが追放にするなどはありえないと石橋は考えていたのである。しかし総選挙で初当選を果たしたあともそうした噂が広まっていく。それも各方面にである。

石橋は〈民主主義国という体制が追放などというそんなバカなことをするわけがない〉と信じていたから一笑に付していた。

ところが五月上旬のある日のことだ。

そんなバカなこと——が現実になったのである。石橋の証言をもとに筆を進めていくと、石田が一通の文書をもって石橋のところに駆けつけてきた。

「先生、大変です。数日中に追放命令がでますよ。ＧＨＱから外務省にこうして文書が届いています」

石橋は驚きよりも怒りの感情が高まった。その感情は全身に広がった。何が民主主義国だ、とがまんがならなくなったのである。ＧＨＱのＧＳ部門の民主派将校に対する不満は抑えられなくなった。石橋はひとまず感情を整理して、正式に文書が届くのを待った。その文書は五月八日に届いたのである。

翌九日、石橋はまだ大蔵大臣であったから、首相の吉田茂に相談するために官邸に赴き、吉田と会っている。以下に石橋の証言にもとづいて、二人の会話を紹介していく。なぜなら吉田との関係が壊れていくのはこのときが起点になったと思われるからだ。もっとも石橋は、そういう言い方をしているわけではないが、それは心中の怒りを見せないための処世ではないかというのが私の考えでもある。

石橋が、「総理、私の追放は決まったそうです」と伝えると、吉田は特別に驚きもせずに、「ほう」と答える。さして重要視しているわけでもなく、またそんなことはないだろうといった風情に石橋は受け止めた。しかしこれは吉田一流の芝居といっていいように思われる。そこで石橋が、石田が外務省から入手した追放決定の文書を見せると、吉田の表情は一変したというのだ。「君、その書類はどこから入手したのか」と質《ただ》し、石橋が「外務省から」と答えると、吉田は次のような態度をとった、と石橋は証言している。これは重要な史実なので引用しておこう。

「(吉田は電話をとると外務省の)追放関係の役人を呼びだしたのだろう。『君、なぜあの書類を石橋君に渡したんだ? なに? 渡していないって? しかし、本人がここに書類をもってきているんだゾ。そんなことじゃあ、いかんよ』

語気も鋭く、怖れおののいている役人の姿が、アリアリと眼の前に浮んでくるじゃないか。聞いている私は、ア然とした。追放決定で色をなしている当人に、一言の激励やら、善後策もいわないで、なぜ当人に教えたんだと、役人をしかりつけている」

石橋は当然なことにムッとする。どうやらこれが吉田流の「常識」だともわかったのである。閣僚として同じ仲間に示す態度がこれか、ということだろう。石橋は吉田に対して心底から怒りをもったと、私は解釈するのだが、戦時下には、反軍部ということでスキ焼き鍋をつつきあった仲間であり、同志と思っていたのに、吉田にはそういう感情がないことがわかったのである。

吉田は、政治家として首相になり、昭和二十年代そのものを指導するのだが、やはり追放となった鳩山一郎から後事を託されたが、その約束を守らなかったとして、追放解除後の鳩山一郎と対立関係になる。実は、石橋ともこの一件で対立関係となったといっていい。あえていっておけば、マキャヴェリストの吉田に、このあとの吉田の対応を見ても、石橋は見事なほど背負い投げをくわされたと表現していいであろう。

ここで改めて私たちが〈歴史〉の視点で、確認しておかなければならないのは、当時GHQ内部やアメリカ国務省の駐日大使館のスタッフたちはどのように石橋の追放を受け止めたか、ということである。

すでに前述したのだが、GHQ内部ではGS（民政局）とG2（参謀第二部）の対立が根深かった。石橋に反感を示したのは、日本の民主化を急激に進めようとするGSの将校たちだった。このセクションは局長がホイットニーで、次長がケーディスである。二人は、自分たちの施策を妨害するかのような石橋に反感を強めた。追放を進めたのはこのグループであった。GSのこのグループは、ケーディスが中心になって追放の大まかな案を作成して示した。A項からG項までの追放基準である。昭和二十一年（一九四六）一月に幣原《しではら》喜重郎《きじゅうろう》内閣に対して、判定基準（公職追放者のどのランクにどのような人物を追放するかの基準）を作成するよう命じた。

石橋が総選挙に立候補した折りに、その資格に問題がないとの証明書が発行されたのは、このランクに該当しない、つまり追放にはあたらないとのお墨付きを得たとの意味があった。しかし選挙中にも、ＧＳのグループは石橋に追放する理由がないのかと強引にその調査を続けていたのである。

つけ加えておけばA項からG項の区分は、A項が「戦争犯罪人」、B項は「職業陸海軍職員」、C項は「極端な国家主義的団体、暴力主義的団体または秘密愛国団体の有力分子」、D項は「大政翼賛会、翼賛政治会および大日本政治会の活動における有力分子」となっている。以下E項は「日本の膨張に関係した金融機関および開発機関の職員」、F項が「占領地の行政長官等」となり、G項は「その他の軍国主義者および極端な国家主義者」である。

石橋は結局、このG項に該当するとされた。石橋にとって戦前、戦時下からの言論活動の中心にあったのは小日本主義・反軍国主義、そして国際社会で理性的な国家たりうることの誇りをもつべきといった言論であった。それがなぜ軍国主義者といわれなければならないのか、国家主義者と謗《そし》られなければならないのか、その憤怒は当然なことであった。

「私の言論活動を否定しようとするのか」

との石橋の怒りは戦前の抵抗型言論への侮辱であり、GHQ内部の将校は、口では日本の民主化をいい募りながら、その実まるでファシストのように石橋に牙を向けてきたということになろうか。

石橋の追放がいかに作為的に行われたか、それは反共という旗を掲げてGSと対立したG2のウィロビーの回顧録（『GHQ 知られざる諜報戦』）でも指摘されている。

ウィロビーは昭和二十一年一月から行われた公職追放は、政治、経済、社会、言論の各界に及び、二年間でおよそ二十万人に及んだとしている。その過程でわれわれG2とGSの間には対立が尖鋭化していったと言い、ウィロビーは書き残している。

「GSは〝民主化〟という口実のもとに、彼等が行おうとしていた〝左寄り〟とも思える政策の邪魔になる人間を次から次へと追放してしまったからである。日本人からもアメリカ人からも、そしてGHQの内部からも『GSは日本の最良の頭脳を取り除いてしまった』という批判の声が高まった。とりわけGSの次長ケーディス大佐に対する非難はとみに高くなっていた」

ウィロビーはケーディスのおかしな追放劇として、社会党の松本治一郎《まつもとじいちろう》、それに鳩山一郎、そして石橋の名を挙げている。ウィロビーによると、石橋は大蔵大臣として、自由党の副総裁になりかけていた人物で、GSの政策を時として批判していたがゆえに「好ましからざる」とされたという。GSは石橋が、『東洋経済新報』の主幹だったからという理由で追放を主張したと言い、そのうえでウィロビーは重要な事実を書き残している。

「日本政府は調査の結果、石橋は追放の対象にならないと報告して来た（注・終戦連絡中央事務局の二人の職員が戦時下の石橋の論文をすべて読み、国家主義、軍国主義的な内容はないと報告している）。GSはこれに対抗し、ホイットニー自身が吉田首相を訪ねて石橋追放の指令書を渡した」

のちにホイットニーは次のように語っていたそうである。

「石橋は真珠湾攻撃から十五カ月前に、米英との戦争を予言した。追放はそれだけで決定的だ」

このホイットニー発言は、石橋が昭和十四年（一九三九）ごろに日米通商条約が切れたあとに、米英との対立を深めると戦争になりかねない、と警鐘を鳴らした論文を指しているようであった。つまりGSは、何としても石橋を追い払いたいと焦っていたのである。この論文が追放の因《もと》になるということは、あまりにも理不尽であった。

ウィロビーは、石橋とは思想を対極にする軍人だが、この点の指摘だけはあたっていた。

もうひとりR・B・フィンは、太平洋戦争中はアメリカ海軍の日本語将校、占領期には日本に駐在した外交官で、昭和二十七年（一九五二）にアメリカに戻り、国務省にあって日本や東アジアを担当した外交官である。退職後、『マッカーサーと吉田茂（上下）』という書で、占領下の日本の姿を克明に綴っている。この書の中で、フィンは公職追放についてふれていて、追放の中でもっとも著名なのは石橋湛山だったと名指しで、その経緯を語っている。石橋は骨のある人物で、ＧＨＱの政策の性急さに正確に反論したと記述している。たとえば次のように書くのである。

「石橋湛山は連合国最高司令部のインフレ抑止策に公然と反対していた。占領が始まるとすぐ、連合国最高司令部は政府に対して、個人および団体の戦時利得および政府の権限で戦時中から戦後にかけて企業と個人が受け取れるようにした補償金とを取り戻すため、二つの税法を制定するよう求めた。石橋はこの税法が実施されると、企業と銀行が重大な打撃を被るとして、この案に真っ向から反対した」

フィンはＧＨＱ内部に、日本は戦争に対して資金を投入したのだから、その誤ちに対しても資金をだすべきだという感情論があり、それが石橋によって阻止されたために怒りが増幅した節があるとも書いている。フィンはさすがに外交官らしく、石橋への批判の感情は、勝者の率直な思いだとの指摘も行っている。フィンは、実はマッカーサーが石橋に対して、「追放の心配はない」といっていたにもかかわらず、それをホイットニーやケーディスらによってつぶされた事実も指摘している。

前述のウィロビーとて、こうした勝者の感情を抱えていたはずなのに、それにふれないでの石橋擁護はそれだけＧＳへの反感が強かったということになろう。

　フィンは、石橋が追放のあとの昭和二十二年（一九四七）十月二十七日に記者会見を開き、「自分を追放処分にしたのはホイットニーとマッカーサーだ」と公言したとのエピソードも書き、この「レジスタンス」に罰が加えられなかったのはＧＨＱの寛容さもあったと指摘している。本来なら占領下の石橋の言動は、逮捕されてもおかしくはないとの見方ができる意味をもった。

否定できない吉田の関与

　石橋の追放劇を日本国内の政治の場面での対立抗争という点から見ておくことも重要である。第一次吉田内閣で、石橋が大蔵大臣に就任したのは、すでに鳩山内閣ができたらという段階で予定されていた人事とはいえ、吉田の支援があったことも大きい。そして第一次吉田内閣のもとで石橋は、財政政策のすべてを一任された形で進めてきた。それゆえに吉田内閣で急速に力をつけていった。吉田は内心では石橋が日に日に力をつけていく政治的力量に、自らを抜くのではないかといった不安もあったはずである。

石橋が自らを公職追放にするのはおかしいと、なんどか吉田に詰めよっている。石橋にすれば自らが一閣僚として仕えた内閣のその責任者が、何の手も打たないことに、強い不信感をもっていたのである。

吉田は石橋のその激しい怒りに正面から応じようとはしなかった。石橋に対して信頼感をもち、そしてその参謀役に育っていく石田博英は、その著（『石橋政権・七十一日』）の中で、この辺の事情を次のように書いている。直截な表現を避けているにせよ、実際にはこの見方があたっているといってよかった。

「当時はまだ党内的に不安定な地位にあった吉田総裁が、こうした石橋先生の期待のされ方に不安を抱かなかったとは言いきれまい。とはいっても、吉田氏が石橋追放を策すなどはまずありうべくもないことである。しかし、追放をめぐるこの間の経緯が、その後の吉田、石橋不和の原因となったことは確かである。そばで見ていた私の目からすると、両者の誤解や行き違いがあったように思う」

石田のこうした見方は、吉田がGHQのGSの石橋嫌いを利用して、あえて手を打たずに追放を容認していったのではないかという思いに通じている。

吉田内閣に、追放を具体的に命じているのに、それはGHQが行ったのではなく、内閣が行ったように見せかけたのは、占領政策の巧みな手段であった。GHQはその意思を直接に表だってはあらわさなくてすむ。ところが吉田はこの手法を利用して、自らの権力基盤を固めるためにAからGまである追放項目を利用している。とくにG項の「その他の軍国主義者および極端な国家主義者」は、その範囲がきわめて主観的である。中央公職適否審査委員会は、本人からの異議申し立てに応じるなり、拒否するなりを決める機関であり、直接に誰を追放するとの権限はない。

しかしA項からF項までは戦前・戦時下の肩書きであり、どの人物がどのポストに座っていたかが明らかであるのに対し、G項についての決定権をもっていたのが、日本側では最終的に吉田であった。実際に吉田は、外務省内部で自らに反旗を翻《ひるがえ》したり、吉田自身が気にいらない人物を追放にしている。これは外務省内部ではY項パージと皮肉気味に語られていたのである。

このような事情を勘案しながら、事情を汲みとっていくときに、石田が否定気味に書いていることはそのまま肯定できると読み解くことが可能だったのである。

さらに石田は表面上は「吉田氏が石橋追放を策すなどはまずありうべくもない」と書いているのだが、石橋が吉田に抱いた最大の不満は、「吉田氏が知っている情報をすべて石橋蔵相に話さなかったことにあった」というのである。事実、石橋はこの点に不満をもった。「しかし、吉田氏にしてみれば、追放まちがいなしという人に不愉快な情報を与えてもしかたがないと考えたのであろう。吉田氏は、自分は君のためにこんなに努力した——などと口にする人ではない」とも書き、表向きの批判は避けている。

とはいえ、五月十七日に発表された石橋の追放は、G項に該当するという名目で吉田首相の名で発表された。もともとこの追放は、前述の組織（中央公職適否審査委員会）の名によって発表される。石橋に限ってはそうではなかったのは、この委員会が真にG項に該当するか否かを調べたにもかかわらず、「まったく該当しない」となったために、つまりは吉田の名によったのである。きわめて変則的であった。この委員会内部について、伝記作家の小島直記《こじまなおき》は、その著（『異端の言説・石橋湛山』）の中でも明かしているが、改めて歴史的事実として確認すべきことは多い。

この委員会はいわば学識研究者や財界人など七人で構成されている。委員はいずれも戦前には反軍部といった肩書きをもっているが、GHQの要求は相当厳しく、GSの局長ホイットニーが、石橋の追放理由を明示してきたことにどのような抵抗を示しても力が及ばなかったというのが真相のようであった。

「（東洋経済新報社の編集方針が）アジアにおける軍事的かつ経済的帝国主義を支持し、枢軸国との提携を主唱し、西洋諸国との戦争必至論を助長し、労働組合の抑圧を正当化し、かつ日本民族に対する全体主義的統制を勧奨した」

このような理由でG項パージにあてはめたというのだから、確かに無理である。石橋の論の中には、そうした意味はまったくない。東洋経済新報社の発行人、編集人といった肩書きで、そのような論調の原稿も掲載されたことがあるといったら、そのとおりだろうが、しかし石橋個人にあてはめるのは無理であった。

この日（五月十七日）、吉田は石橋に会って追放は避けられない旨を伝えている。このときに吉田は石橋に対して、

「飼い犬に手をかまれたと思ってがまんしてほしい」

と伝えた。石橋はこんな無茶な追放は受けいれられないと反発している。追放の理由書は、とうてい納得できないと、石橋は反論した旨日記に書き残した。自らの存在が否定されたかのように受けとめた。

その後、石橋はこの追放への抗議書を日本文と英文で作成し、芦田均《あしだひとし》、西尾末広《にしおすえひろ》ら現役代議士の署名を揃えてGSに提出したのを始め、自らの力で対抗できる手段はあらゆる手を使って抗議の意思を顕わにした。とくに吉田首相や中央公職適否審査委員会には具体的に質問状を突きつけている。追放の主体になっている「吉田首相」には、きわめて感情的に、「如何なる事実に基いてかかる宣告をなされたか」「公職適否審査委員会の審査に基いているのか」「内閣の名で発表しているが閣議の議を経ているのか」といった内容でもあった。当然、中央公職適否審査委員会は、こちらは非該当として内閣に伝えていると、それでも実行されたと不満気な回答であった。しかし吉田はこの件に関して回答を返さなかった。

中央公職適否審査委員会の七人は、石橋の質問状を受けて再度論議を行っている。この委員会についてはは論議の内容はくわしくはわかっていないが、伝記作家の小島直記がその著（『異端の言説・石橋湛山（上下）』）の中で、ある事実を明かしている。この委員の一人、渡辺忠雄《わたなべただお》

（戦後は三和銀行頭取など歴任の財界人）は、石橋の戦前、戦時下の言論活動を調べれば調べるほど、「真の自由主義者としての人間石橋湛山を、ますます強く裏づける」結果になったと証言している。とくに戦時下にあって、どんな報復を受けるかわからない暗黒の時代に、軍事に対しての批判的論調を崩してはいない。追放解除は当然であるというのが、七人のうちの六人の総意であった。

ところが一人、石橋の追放に賛成の委員がいた。第二次吉田内閣の行政管理庁長官（のちの法務総裁）の殖田《うえだ》俊吉《しゅんきち》である。殖田はやはり戦前から吉田と通じている内務官僚で、戦後は吉田と一体となって動いていた政治家である。その殖田は、石橋は解除すべきでない、とGHQ側が示してきた理由を前面にだして解除に反対した。他の六人との間で論戦になり、数時間に及んだという。そしてやっと殖田も折れたというのである。

石橋の抗議ともいうべき質問状に答える形での追放解除を改めて全員で確認し、そのうえでホイットニーに強く申し入れた。しかしホイットニーはそれを受けいれなかった。

同時に殖田の抵抗は、吉田の意を受けたのであり、それが日本側の足並みがときに不一致になることを示す結果になったのである。

その後、石橋はマッカーサー最高司令官にも面会を申し出たが、それは拒絶されることになる。

こうしてその背後には不可解な事実を残しながら、最終的に石橋は追放と決まった。追放と決まるや、それまで次の総理候補に昇りつめていたと石橋を見つめていた政治家たちは、潮が引くように離れていった。石橋が舞台を去ったあとの石橋グループをどのように維持するかを話し合う会合には、その直前まで四十人近くのメンバーがいたのに、最終的には石田のほかにわずか二人の代議士が集まってきたにすぎない。

「人情の酷薄さに怒りを覚えると同時に、『いまにみておれ、いつかきっと石橋内閣を作ってみせる』私は心中深くこう決意したのである」

と石田は書いた。政治は権力闘争そのものだが、それには「数」が最終的にはモノをいう。石田は復讐を誓ったというのだが、石橋は内心の怒りは隠したのだろうが、そのうちGHQだって気づくさと淡々とした表情だったとも記録している。

石橋湛山の追放劇について、これまでに公刊されている史料や著作をもとに記述を進めてきた。こうして改めて全体像を整理してわかってくることが幾つかある。GHQによる日本占領の実態はきわめて政治的な計算とともに、もう一点、人間感情で動くというその構図を読みとることができる。そして近代日本の政治史の上で、教訓として語られなければならないことは次の二点だといっていい。

この二点を明確にすることによって、私たちはこの「追放劇」の真実をさぐることができる。

第一点は、G項による追放劇は国内政治の権力闘争そのものだったということだ。「吉田対石橋」という構図があり、これは石橋以前に追放になった折りの「吉田対鳩山一郎」といった構図と重なり合う。鳩山も石橋も追放解除になったあとは「鳩山・石橋対吉田」という対立が描かれることになったのである。昭和二十年代から三十年代にかけてのこの構図が、日本の政党政治を動かし、そして保守陣営の枠組みを定めることになった。

第二点は、GHQ内部のGSとG2の対立が、石橋追放劇のもうひとつの図式だったのである。GSは容共的な姿勢があり、ニューディーラーたちが集まっていて、日本の民主化と非軍事化にもっとも熱心であった。同時に局長のホイットニーや次長のケーディスらは、自分たちの政策に異議を申したてる日本の政治家たちに何かと弾圧を加えた。それには「お前は戦時下では軍国主義者であった」とレッテルを貼ればいいだけだった。石橋のようにこの国の利益を代弁する側に立ったとすれば、たちまち追い払うのに容赦はなかったのである。

このGSはG2とは思想的にも政治的にも対立していた。G2は徹底した反共の軍事路線派であり、日本のかつての軍事指導者をできれば温存したいと考えていた。その局長のウィロビーは、リトルヒットラーと軍内では呼ばれていた。ウィロビーは石橋のようなタイプとは肌が合わない。その意味では石橋にとって、ウィロビーはまさに「敵」であった。そのウィロビーの手記を前節で紹介したが、紹介した一文だけでは充分に、石橋への感情は記述されていない。ただGSだけに責任を負わせている点が、逆に注目されるのだ。

ここでつけ加えておかなければならないのは、吉田首相はGSの将校と肌が合わずGHQ内部ではもっぱらウィロビーと秘密裏に連絡をとっていた。すでに帝国ホテル社長の犬丸徹三の仲介についてふれたのだが、吉田はウィロビーとこのホテルの裏口から出入りする形で、しばしば会って意見交換をしていたという事実がある。たぶんこのルートでも、吉田は石橋が追放に値しないことなどを伝えていなかったように思われるのだ。

以上の二点を石橋追放劇からは読みとれる。そしてこの二点の上からできあがる構図は、GHQ権力を巧みに利用しつつ、政治的実績を積み重ねていく吉田茂と、GHQ権力に対峙しつつ戦前の日本軍国主義を批判し、新しい民主主義の確立のために尽力していく石橋湛山との対立という構図が浮かぶ。昭和二十二年の段階で、吉田は六十八歳、そして石橋は六十二歳。まだこれから先の政治的対立が充分に窺《うかが》える年齢でもあった。

石橋と吉田はその生き方において、太平洋戦争の時代には反軍部で一致していた。まさに共同戦線を組むことは可能であった。しかし戦後のGHQ権力下では、まったくの対立状況に陥ることになったのである。それは親英米派と自主独立派の対立ともいえた。

理性的な追放受け入れ

吉田内閣が倒れたあとは片山哲《かたやまてつ》内閣が成立した（昭和二十二年五月二十四日）。四月の総選挙で第一党になった社会党は、自由党、民主党、国民協同党などに連立を申しこんでいたが、自由党は吉田が、左派勢力を嫌って連立政権に応じず、つまりは社会党、民主党、国民協同党の三党の連立内閣になった。片山内閣の官房長官には西尾末広が就任することになり、石橋としてはこの内閣に、自らの追放解除を依頼することになった。

吉田が石橋に追放解除が無理であり、「君は飼犬に手をかまれたと思ってがまんしてほしい」と説得したのも、この連立政権の話し合いがあちこちで進んでいるときだった。もしこの期間に、石橋が吉田内閣の閣僚として連立政権話に応じて話を進めていたら、その後の日本の政治状況は変化していたかもしれない。それだけに石橋は、追放のプロセスを通じて吉田に体よく利用されたという言い方もできたのである。

石橋のこのころの日記を読んでいくと、片山内閣に一縷《いちる》の望みをかけていたことがわかる。西尾とはしばしば連立政権の折衝を続けたこともあり、その気心を熟知していたのである。その西尾を通して、石橋は「新首相に提出すべき予の追放取消要求書」を起草して、片山首相にわたしている。片山だけでなく、芦田均外相にも会って追放の取り消しを進めてほしい。つまりGHQと接して撤回してほしいとの依頼を続けた。

そこで片山首相は中央公職適否審査委員会事務局長をGHQに送り、その意向に変わりはないことを確認した。この段階で石橋は、自らに課せられた運命を受けいれる以外に方法はなくなったのである。石橋は戦後の闘いのひとつを終えて不満を抱えたまま次の機会を待つことになった。石橋にとって自らの追放の正式な理由は明らかにされておらず、その点で納得しがたい感情を持続させることになった。

昭和三十二年（一九五七）一月一日に、石橋は首相になってまだ十日余を経たときだが、NHKのラジオ放送（「新春放談」）に出演し、東大教授だった宮澤俊義《みやざわとしよし》と対談を行っている。ここで宮澤は、石橋に次のような質問を発している。

「石橋さんは、戦前の軍国主義なんかに抵抗されて、色々やって来た方で、当然、私は今度の軍国主義が倒れて新しい時代になったことの長所、良さを十分に認めていらっしゃることと思うんです。ただ占領後、色々非情なことがあったもんですから、色々まずいことは確かあったと思う。そこであんまり単純に昔へ、懐かしがるということは良くないんじゃないかと」

宮澤は奥歯にモノのはさまったような言い方をしているのだが、要は、この追放劇を体験している身だから、占領期の民主主義がよかったと賛美するだけではいけないと思うが……と水を向けたのである。これに対して石橋は、「それはもちろんですね。とにかく行き過ぎるものですから。占領後の色々なやり方も行き過ぎがある。その反動として、また、いわゆる逆コースの行き過ぎが起こる懸念がありますから、その点は注意しているつもりです」とさりげなく答えている。

この答えの本質は、私の追放のような行き過ぎがあると、こんどはその反作用としてGHQ以前の大日本帝国のほうがいいといった言動が起こることもありうる。何としてもそれは防ぎたい。それを防ぐのが私の役目であると答えているわけだ。このような答え方を見ると、石橋はその後の政治家としての行動を、自らの追放劇を個人的な感情だけで見ない、いや見るべきではない、との理性的な判断で処していることがわかる。同時にこれはアメリカ側へのメッセージでもあった。

石橋はその意味では冷静に事態を見つめる目をもっていることがわかってくる。それが首相への道筋につながったのであろう。

自由思想協会

公職追放となってからの石橋にふれていくが、当然なことに議員としての立場を失うことになった。つまり政治家としての道をひとまず断念しなければならなくなったのである。加えて東洋経済新報社にいて、経営にあたったり、論説主幹ともいうべき立場で社説を書いてはいけないという制約もあった。

石橋は初めて自らが出勤する場所を失った。そこで東京・神田駿河台にある目黒書店ビルに事務所を構えた。自らが借りた一室に「自由思想協会」の看板を掲げた。新しく若い世代と共に経済理論や政治論などを学んでいくことになった。

石橋のもとにはその経済理論にふれたいというだけでなく、明治末年からの一貫して守ってきた論（たとえば小日本主義などのような内容）を学びたいと、次の世代もまた近づいてきた。加えて石田博英のように今は政治家として活動を続けているが、ゆくゆくは石橋を担いで政治改革を行おうとする者もまた多かったのである。これは石田が書いているのだが、公職追放の者が公職に就いていないかを法務府特別審査局が定期的に調べていて、追放者のもとに出入りする者に事情を聞くなどするために、石橋のもとに出入りする者はより少なくなったという。社会的に孤立させるというのが、GHQ側の意向であり、それを日本の行政機関が命じられるままに進めているのが実情であった。

石田はそういう嫌がらせにも頓着することなく、この自由思想協会に顔をだした。「(追放解除までの)四年間のお付合が私にとっていちばん楽しい日々であった。誰に妨げられることなく、二人で盃を傾け、語り明かした。最も身近で先生の人と思想に接し、ますます尊敬の念を深めたのである」と石田は書いている。石橋はいつ解除になるかわからないときにもかかわらず、ひたすら読書に明け暮れていた。時代への認識を失わず、いつでも政治家に復帰できるようにその心構えを失うことのないよう努めていたというのである。

石橋に対して日本の政治家たちは、おおむね好意的に見ていて、機会があれば解除をとの構えであった。そのために石橋のもとにはGHQとの間で対立するのではなく、融和的に接して、その解除を早めたほうがいいと助言を続ける者も訪れた。それはGSのホイットニーやケーディスらとの間で、詫びを入れる形で何らかの話をつけることを意味した。しかし石橋はそういう裏工作にはまったく応じず、ひたすら正面から「私を追放する理由はない。それを一方的に、しかも嘘を並べたてての追放は許されない」と訴えた。アメリカのメディアの中にも石橋の例をとりあげて、公職追放が日本国内の権力闘争に利用されていると報じて、石橋を感動させることもあった。しかしこのようなことが続くと、ホイットニーの側もまた必死になり石橋の政治行動に圧力をかけるような事態になっていった。その圧力のひとつは、あからさまに石橋を占領違反で逮捕するとの恫喝《どうかつ》まで含まれていた。

昭和二十三年（一九四八）五月に中央公職適否審査委員会と並ぶ公職資格訴願審査委員会は改めて会議を開き、「石橋湛山は追放解除すべきである」との結論を全員一致で確認した。これは追放となった一年前と同じ結果であった。この結論に対してGS側はまったくとりあわなかった。石橋に政治的自由を与えるなというのが、その答えであり、その姿勢は変わっていなかったのである。事態は少しずつGSと日本側の対立にと変わっていった。この対立が表面化されるとむしろ困るのはGSの側だったと思われるのだが、そのためにケーディスなどは、「石橋を擁護することはGHQの占領政策に口を挟むことであり、このこと自体が罪に問われる」と難癖をつけて、日本側の各種委員会を牽制し続けた。

占領政策は確かにGHQの将校たちの間にある改革のエネルギーをもとにしていて、それがゆえにというべきか、民主化路線が定着したのは事実であった。しかし一皮むけば、ひとたび彼らが決定したことには一切の反対を許さず、その例として「石橋湛山」を見せしめにしているような感もあったのである。

石橋がそれに抗したのは、単に公職追放になったことに怒ったためではなく、民主主義を鼓吹すべきGHQが、それとはまったく逆のことを行っていることへの不満でもあった。それはアメリカ自身のためにもならないとの確信であった。

したがって神田駿河台に設けた自由思想協会では、そうした占領政策の内部告発のような内容の確認から、各社の記者や研究員それに理事などを集めての自由討論がくり返された。いわば石橋にとっては、占領期をいかに耐えるかの心理的な期間にもなった。そういう勉強会は、実は、日本社会の有識者を集め、いつの日か石橋が政治権力をにぎったときのブレーンになるような環境づくりともいえた。

この自由思想協会の趣旨やその活動内容は、石橋自らがまとめたのだが、そこには次のような意図があったという。これは姜克實《ジャンクーシー》の『石橋湛山』からの引用だが、本質をついているといっていいだろう。

「趣旨書には、田中王堂《たなかおうどう》（注・早稲田大学時代の恩師）流の『正しき個人主義』の解釈――個人本位の原点、個人と社会との調和を重視する『欲望の統整』、人間の社会生活の実践的効果を重視する価値観――は変わっていないが、戦後混乱期における日本戦後復興・再建の使命に即して、新たな内容が加えられた」

この新たな内容について姜は、よく考えもせずに付和雷同のように左翼的運動に入っていく軽率さを戒《いまし》め、良心の自覚や判断力をもつことが謳《うた》われたと分析する。さらに民主主義上のルールを守り、社会生産の復興に対する国民の協力といった内容も加えられている。確かにこれらの趣旨書には石橋の戦後の思想が込められていた。その内容は、昭和二十年（一九四五）八月二十五日号の『東洋経済新報』の社論に寄せた主旨が土台になっていた。それは今次の戦争についての分析のひとつでもあったのだが、そこには次のような視点が強調されていた。

「言うまでもなく日本国民は将来の戦争を望む者ではない。それ所か今後の日本は世界平和の戦士として其の全力を尽さねばならぬ。茲にこそ更生日本の使命はあり、又斯くてこそ偉大なる更生日本は建設されるであろう。（中略）率直に云えば、従来の我が国には、此の着眼が足りなかった。竹槍こそ最も善き武器なりとする非科学的精神が瀰漫《びまん》した。茲に戦争に於ても今回の不利を招いた根本原因があるが、平和の事業に於ても同様である。単に物質的の意味でない科学精神に徹底せよ。然らば即ち如何なる悪条件の下にも、更生日本の前途は洋々たるものあること必然だ。記して以て更生日本の門出を祝す辞となす次第である」

この社説は石橋自身の自戒であり、自らを励ます激励の辞といってもよかった。そして石橋の言わんとする点は、「物質的の意味でない科学精神に徹底せよ」にあった。科学精神というのはむろん科学そのものを指しているわけではない。客観的に現実を直視せよ、客観的な資料の中にこそ真実はある、といった意味になった。ともすれば主観的な願望の中に逃げこむというのでは何の意味もない。今次の戦争はその点をよく教えてくれたではないか、私たちはそのことに気づかなければならないとの意味にもなったのである。

ここに盛られた内容は、まさに石橋の人生観の起点といってもよかった。このことはさらに深く見てみるべきだろう（後述）。

ＧＨＱへの挑戦

石橋は幾つかの手段を講じて、公職追放となった自らの復権を目ざして闘ったが、つまりはそれは実らない。石橋に対する反感、とくにＧＨＱのＧＳの将校たちは、石橋にいかなる恫喝を加えようとも一切ひるむことなく対峙してくるその姿に、不快と怒りを隠さなくなった。とくにこの部門の将校たちは、石橋を逮捕して拘禁《こうきん》生活を送らせるような噂を意図的に流したりした。そういう戦勝者の威圧に、日本の朝野の指導者たちは大体が尻尾をふって媚《こ》びる姿を示すとき、石橋はいっこうにそのような態度を見せずに、連合国軍司令官のＤ・マッカーサー元帥に直訴しかねない態度を見せていたのであった。

石橋自らが東洋経済新報社に顔をだすと、ＧＨＱの将校があれこれ各方面をさぐり、そして石橋の前にも進みでて、公職追放の者が顔をだすことは控えろとねじこんでくる。結局石橋は、昭和二十二年（一九四七）の十一月に、前述のように「自由思想協会」をつくった。石橋の年譜によると、十一月十一日に「千代田区神田駿河台に事務所を設け、自由思想協会（The Liberal Thinking Society）を設立する」と書かれている。その設立趣旨からは、自らが自らを励ますという心理状態だったのである。ＧＨＱの目をひとまず避けるという意味もあった。石橋が対手のもとに出かけるのではなく、石橋に会いたい者が訪ねてくるとの形になった。

設立してから一週間後の十七日には、「牧野《まきの》英一《えいいち》（中央公職適否審査委員長）、事務所に来訪し民主主義全くなしと語る」と年譜には記されている。そして十八日には、「13日付をもって内閣より、東洋経済新報社のＧ項該当指定に対する反証は不承認である旨通知をうける」ともあった。この事務所にはＧＨＱの横暴を訴える者や、ただひたすらＧＨＱに媚びへつらう日本側の指導者の姿にあきれる者が駆けこんでくるようにもなっていく。

石橋は自らの闘いをもって、真に日本の民主主義を打ち立てるためには日本人の智恵と知識において政策を実行すべきであり、アメリカの将校は相手にしてはならないことを示そうとした。そのことは占領政策をまったく反論なしに決めていく吉田茂らに心底から怒りをもったということになる。

そのための新しい活動の場が、この自由思想協会であり、ここで理論的な武装を行い、そして真の独立国家を目ざすという目標で活動していくことになった。この協会は神田の書店街の一角にあり、四階に一室が与えられた。この事務所を拠点に一人の知識人としての行動を起こすことになったのだが、このときにまとめた「自由思想協会趣旨書」では、石橋自身が自らのありうべき姿も考えて、その活動方向を明確にしている。この趣旨書は、石橋が前述のように戦後日本の出発にあたってもっとも必要とされた精神が正直に述べられているという点でもっとも価値が高いといえる。

この点についてさらに検証すると、石橋の思想的研究を担っている山口正《やまぐちただし》が、その著（『思想家としての石橋湛山』）の中で的確な分析を試みている。山口によるなら、石橋がこの趣旨書で展開しているのは、「自由思想者」という用語であり、この語は具体的にどのようなことを指すのか、そのことを明かしているのである。自由思想家とは究極にはファシズムと対峙することになるのだが、そのためには三つの姿勢が必要だと説くのである。第一は、「一切の束縛から解脱し、事物を自由に考えること」、第二は、対立者の意見に聞くべきところがあれば、「善い点があればこれを受け容れ採用する寛大な精神をもつこと」、第三は、「総ての問題を現実の生活に即して思考すること」。このほかに二点を挙げているが、石橋の自由思想とはこの三点が軸になるということでもある。

つまり自由思想家とは、「自由な思考」を第一義とする結果、自由主義、民主主義、個人主義といった立場に立つという意味になる。山口はこのほかにも「市民的インターナショナリズム」という語で石橋を語り、さらにその姿勢を貫く限り、そこには偏狭なナショナリズムとの対峙という形を生むのも当然だと言及している。まさに的確な分析であった。

石橋は確かに特定の思想をもって歴史を臆断しているのではない。いわば「石橋哲学」により自らがバランスをとって発想を続けるが、当然なことに、そこには権力との間に緊張関係が生まれる。それはむしろ自分にとっては名誉なことだと断じているかのように見えるのだ。

昭和二十二年十一月から、石橋は六十歳を超えてまったくの素浪人のような立場に立った。そのときに彼自身が立脚したのは、東洋経済新報社に入社して、自らの志を立て、この社にあって言論人として自立した論を目ざした精神であった。その精神が、今また新たな占領権力と対立し追放されている折りに、明確な形で石橋を歴史の舞台に立たせることになったのである。

あえてつけ加えておけば、石橋が東洋経済新報社に入社したのは、明治四十四年（一九一一）である。社長は天野《あまの》為之《ためゆき》であった。天野はその後早稲田大学教授から学長になっている。もともとこの社には学究的空気がただよっていたのであろう、社内では自由討論が盛んで実際に片山潜《かたやません》のような初期社会主義者など官憲から見て都合の悪い人物も少なくなかった。石橋はこの社に入社するなり、三年目には早稲田時代の教授でもあった田中王堂《たなかおうどう》と相談して社内に自由思想講演会を結成している。メンバーは三浦銕太郎《みうらてつたろう》、田川大吉郎《たがわだいきちろう》、植原悦二郎《うえはらえつじろう》など総勢九人で、王堂の説く自由思想に共鳴しての勉強会であった。これは大正初期に三年近く続き、九回の講演会をもった。

石橋自身は、ここで「産業革命と道徳の変化」「哲人政治と多数政治」などのタイトルで、自由思想をいかに根づかせるかの先導役を果たした。いわば大正デモクラシーの渦中にあって、吉野作造《よしのさくぞう》の民本主義思想に共鳴しつつ、それを超える意思を明確にしていたのであった。

戦後の公職追放が確定するやすかさず自由思想協会を自ら起ちあげたのはこういう伏線があったからだった。石橋にとっての生命線とはまさに、「自由思想家」というレッテルだったのである。戦前、戦時下と、そして戦後にあってはこの語の意味するところもその立ち位置も異なるのは当然であったが、石橋の心中にはそれを確かめる野心もあったのではないか、と私は思う。

しかし自由思想協会は、石橋の年譜によると昭和二十三年（一九四八）五月ごろに活動を停止する状態に陥った。何かとGHQの意向を受けている政府機関から監視を受けていたからだった。昭和二十三年五月五日の年譜の記述は、「求めにより法務庁特別審査局を訪《おとな》い、自由思想協会の性質を説明する」とあった。この協会の勉強会は、石橋が追放を受けているにもかかわらず、まったくそれにふさわしい禁慎《きんしん》状態にないとの懸念からの訊問《じんもん》だったのだろう。

GS次長のケーディス一派は、ことあるごとに、石橋の動きに目を光らせ、そして、「石橋の追放期間の行為は、GHQに対する公然とした挑戦である」と日本政府に命じ続けた。このころは芦田均《あしだひとし》が連立政権のもと首相になっていたが、芦田もまた石橋の追放解除に努力したが、それは実らなかったと間接に伝えてきている。

もし石橋が戦前、戦時下に軍部に屈服していたなら、GHQと事を構えるだけの度胸も余裕もなかっただろう。しかし石橋は軍部と対峙しても自説を曲げなかったのだから、GHQとの間に右顧左眄《うこさべん》することなどありえなかったのだ。法務庁の事務官が、GHQの意向を受けて自由思想協会の内実を調べまわっていると聞いたときは、周辺の者に「戦時中の東條《とうじょう》英機《ひでき》の時代にもなきほどの神経過敏な風景」と洩《も》らしている。石橋の口から、アメリカは真に民主主義の国家なのか、といったつぶやきがなんども洩れたとしても、正直のところ不思議ではなかったのである。

自由思想協会は、六カ月余の期間活動したにすぎないのだが、協会はテーマごとの研究会もつくり著名人を講師に呼んで、石橋個人に関心をもつ中小企業経営者や学術研究者を相手に講演会を開いている。この中には東大教授の東畑精一《とうばたせいいち》を始めとして、原子物理学者の仁科芳雄《にしなよしお》や農林省食品課長の三堀参郎《みほりさぶろう》なども加わっていた。協会の講演会はつごう八回行われたが、そのうちの二回は石橋が自ら進んでテーマを決めて論じたのである。

その二回とは、一回目は「時局対策」についてだが、このころは日本の産業別組合の設立など無理な状況だとわかっていたにもかかわらず、石橋としては企業別組合の限界を説いている。二回目は「最低賃金国定およびストライキ禁止案」であった。二・一ゼネストを最終的に止めたプロセスの中の、〈民主主義イコールストライキ〉といった風潮にいくつかの疑問を呈したのであった。

石橋はむろん政界をはなれても、その卓見《たっけん》は多くの人に望まれていたせいもあり、講演活動もしばしば行っていた。そういうときの演題には、この苦境ともいうべき、日本の現状を救うのは理性的かつ理智的な政策によるものだとの見識が示された。

前述のように六カ月ほど過ぎたあとはなおのこと、GSの監視がより徹底していったのであったが、石橋もしだいにあきらめの境地になったようであった。前述の法務庁の呼びだしは自由思想協会の活動を禁止する内容で、こうした日記を詳細に分析すると、協会の研究活動や湛山の講演活動も中止のやむなきになり、事務所での人との出会いも限定しての自粛という状態だったことがわかる。

雌伏の三年間

結局、昭和二十二年（一九四七）五月から追放解除になる昭和二十六年（一九五一）六月までの四年間、石橋は自らの身を表にだすことを避けたかのように、読書の日々を過ごすことになった。社会との接触はなるべく抑えるようにしていたのである。それは石橋が自らに課した禁慎であると同時に、時代と距離を置いて、時代を客観的な目で見つめることを意味していた。それは結果的に正しかったというべきだった。

石橋に何より耐えることを教えることになったのである。

そういう石橋に付き添う形になったのが、東洋経済新報社の幹部社員であったり、かつてこの社に在社したことのあるエコノミストたちであった。

政治家としてまだ一年生議員であった石田博英は、終始石橋と行動を共にしていた。石田はのちにこの追放期間について、自らの著書（『私の政界昭和史』）で、石橋先生と共に行動できたことは何より幸せだったと述懐している。旅行のお伴をし、二人で盃を傾け、人生論や政治論を語り明かしたというのであった。そのような交流を通じて、石田の胸中には、「いつかこの先生を総理大臣に」という思いが強まっていったというのだ。

そして次のように書いている。

「一方では、追放はいつになったら解けるのかわからない。まったく五里霧中のとき、先生は黙々と読書に励んでおられた。そして時代の動きを実に正確に把握し、政治への情熱と使命感は少しも衰えない。追放中の政治家のうちで、先生がいちばん平常心を失わず堂々としていた」

もとよりこれには身びいきもあるだろうが、不遇のときの石橋は確かにこのような身の処し方に徹したのである。

湛山の年譜を見ても、昭和二十三年下半期からは政治的、社会的活動は一切慎しんでいる。昭和二十四年（一九四九）九月一日には、「全日本警備犬協会および全日本畜犬登録協会の会長に就任す」との項目もあった。いわばこういう社会的に目だたない役割に甘んじているともいえた。そして十月十九日の項には、さりげなく「自由思想協会事務所を閉鎖する」とあった。

昭和二十五年（一九五〇）十一月十七日には、「鳩山一郎《はとやまいちろう》邸にてウナギ会が催され、古島一雄《こじまかずお》、大野《おおの》伴睦《ばんぼく》、大久保《おおくぼ》留次郎《とめじろう》、前田《まえだ》米蔵《よねぞう》、島村一郎《しまむらいちろう》等と歓談する」とあるように、政治家たちと会うたびに、慰《なぐさ》められている状態でもあった。このほか芦田均、西尾末広などとも密かに会っているのだが、こうした人脈を見ていると明らかに特徴があった。このころは吉田内閣がしだいに権勢《けんせい》を強めていて、まさに「吉田時代」ということができた。そういう中で石橋は、しだいに吉田の人脈とは距離を置き、反吉田の政治家との間で連携を強めていくことになったのである。

石橋は吉田に対して、特別にどのような感情をもっているかを明かすことはなかったが、しかしこのような動きを見ていくと、吉田に対しては内心では許しがたい感情を高めていったことがわかる。吉田は、もしこのときの権勢を、石橋に対しても示そうとしたなら、たとえGHQによる占領下とはいえ、そこに温情ある態度がとれたはずであった。吉田内閣の内部に石橋をとりこみ、石橋を政府全体で守り、GHQとの間で激しい争闘さえも行うことは可能だった。しかし吉田は、そのような策をまったくとらなかった。

あえてつけ加えておくなら、吉田と石橋の間にはGHQを挟んでの確執が日一日と明確になっていったとさえいうべきであった。二人の間を調停する者は誰もあらわれず、ほとんど回路がない状態となっている。

GSの圧力を受けた日本の行政機構が石橋を追いつめていくとき、二人はまったく会っていない。むろん吉田はいちどは首相の座を退き、昭和二十四年二月からは改めて内閣を組閣して、長期政権に入っていくのであったが、その折りにも会うことはなかった。昭和二十六年五月十六日（それは石橋の追放解除一カ月ほど前になるのだが）に、石橋の年譜には次のような記述がある。

「自由学園創立三〇周年祝賀会に妻とともに出席。吉田首相、牧野《まきの》良三《りょうぞう》、天野《あまの》貞祐《ていゆう》、小泉《こいずみ》信《しん》三《ぞう》、長谷川《はせがわ》如是閑《にょぜかん》、矢田《やだ》七太郎《しちたろう》らに会う」

むろんこのような席だから挨拶を交わす程度であろうが、吉田と会うこと自体、この程度にとどまっていたことは改めて両者の対立が深刻になる予兆だったと考えていいであろう。

引き延ばされた公職追放解除

占領下の議会政治は離合集散のくり返しでもあった。石橋が公職追放で昭和二十四年（一九四九）・二十五年・二十六年のある時期まで、議会政治に距離を置いていたことは実は僥倖《ぎょうこう》ともいえた。

この間、吉田内閣に対して、ＧＨＱは日本経済の自立を命じていた。具体的には経済安定九原則を定め、この方向で予算を組めと言うのだが、日本側はこれでは政権与党の公約などを果たせないと消極的であった。アメリカから受けていた援助についてＧＨＱは強い態度でその活用の有効性を確かめたのである。もしこのとき石橋が大蔵大臣であったなら、政党の公約を後回しにしても財政の建て直しを図ったと思われるが、この点では吉田内閣の財政政策はＧＨＱの要求の後手後手という感じでもあった。緊縮財政に対する労働組合のデモやストライキでの圧力も高まり、日本社会はある不安定さの中にあった。

そういう不安定な状況下で下山事件（下山定則《しもやまさだのり》国鉄総裁の死亡事件）を始めとして松川《まつかわ》事件（電車の人為的暴走事件）など国鉄がらみの各種の事件が起こっている。

石橋はこういう時代状況には直接にはかかわらずに身を処していた。それはつまり政治的に身が汚れないことを意味していた。

昭和二十五年は政党政治、とくに保守の側が合同を模索して、権力基盤を固める方向が明確になった。小党乱立、それゆえに連立政権を模索するだけの議会政治が曲がり角にきていたのである。さらに講和条約をめぐって単独講和か全面講和かの論争、それに六月には朝鮮戦争の勃発など国際社会も国内も大きく揺れ始めていた。アメリカの基本政策も大きく変わり、東西両陣営の対立により、時代は第三次世界大戦にむかうのではないかとの声さえあがった。

こういう事情をもとに日本国内の政治情勢の変化を見れば、追放解除の動きが急速に進むのだが、そこにはある「思惑」が浮かんでくる。占領期の政治史を語る書の中には、この追放解除に吉田内閣の政治的私欲がからんでいたと分析する書も少なくない。

改めて整理しておくが、公職追放になった者は約二十万人に及び、それは昭和二十三年（一九四八）五月十日でひとまず終わった。しかし解除のための再申請が頻繁に起こったために、昭和二十四年二月八日に第二次吉田内閣はＧＨＱの許可を得たうえで、公職資格訴願審査委員会を再設立している。この委員会はそのまま第三次吉田内閣に引き継がれた。しかしＧＨＱは、覚書によって決まっている追放はこの審査にあてはまらないと吉田内閣に命じたため、委員会は昭和二十五年九月このケース以外の三万二千件余の訴願の審査を終えた。

そのうえで十月三十日におよそ一万人の大量追放解除を決定し、訴願委員会は解散している。石橋はこれらに加わらない特別のメンバーとして解除組には入らなかった。

さてこれからの動きが、吉田内閣の思惑になるというのである。この点について戸川猪佐武《とがわいさむ》著の『昭和現代史』などの書を参考にして記述すると、前述のように公職資格訴願審査委員会が解散して追放解除の方法が変わっていくことになった。

マッカーサー最高司令官が更迭《こうてつ》されマシュー・リッジウェイ最高司令官にかわって、占領政策を全体にゆるやかにするとの声明がだされた。占領法規の手直しもある程度は日本側に任されることになった。そのため吉田内閣は政令改正諮問委員会（会長・岡崎勝男《おかざきかつお》官房長官）をつくりその精査に入った。ＧＨＱ側もこの期になると、その内部機構も人事も大幅に変わっていた。東西冷戦がより鮮明になり、朝鮮戦争も激しくなると同時にいわばＧＨＱ内部の民主派は追いだされる形になっている。ＧＳ次長のケーディスは、日本の有力者夫人との恋愛事件が暴かれて、その職を解かれてアメリカに帰された。局長のホイットニーも、日本を西側陣営の極東の砦にする冷戦政策に変更する中で、やはり更迭された。

　こうした人事は、石橋にとって有利な状況になったのである。

　諮問委員会の岡崎は、GSの新しいスタッフであるリゾー局長、ネピア次長らは一刻も早い追放解除を想定していることを知った。そこで戸川は書いている。

「常識的にいえばそれは歓迎すべきことだったが、それによって鳩山一郎、河野《こうの》一郎《いちろう》、三木武《みきぶ》吉《ち》、石橋湛山などが解除になることは、吉田体制にとっては脅威だった。だから吉田側近の白《しら》洲《す》次《じ》郎《ろう》、広川《ひろかわ》（弘禅《こうぜん》）総務会長らは、岡崎を叱りつけるようにして、これら反・吉田勢力の解除を引きのばすようにさせた」

　例外規定をつくり、鳩山らの追放を遅らせようとしたのだが、それは吉田内閣になって誕生した諮問委員会の諒解を得られず、結局は六月二十日に二千九百五十八人、三十日には六万三千四百二十五人が解除となった。石橋はこの二十日組の一人となって解放となったのである。

　戸川はあるエピソードを紹介している。

　石橋が折から外務大臣官邸にいた吉田首相を訪ねて挨拶を行った。このとき官邸近くに吉田の私的顧問である白洲次郎がいるのを見て、「君が解除を遅らせとるんだろう」と石橋は言ったと書き残している。もっとも石橋の記述によると、白洲が近づいてきて、自分が追放解除を妨害してはいないと執拗に弁解したともある。

　しかし鳩山一郎などは岡崎らの延長策によって、七月から十月までの十回にわたる解除によってやっと解放となった。これらの解除はかなり恣意的であり、そしてまた巧妙に国内の政治闘争に利用されたのであった。ただし石橋らが吉田側近の妨害によっても延長にならなかったのであり、吉田周辺にさえ石橋に政治的関心をもつ者も多かったという事実が浮きぼりになる。さらに石橋を支える人脈が、吉田内閣だけでなく官僚の間にも多かったということを物語っているのであろう。

石橋の年譜の昭和二十六年六月二十日の項の記述を紹介しておこう。

「午前、公職追放解除発表される。

これは追放令施行の昭和22年閣令、内務省令第一号別表（石橋の場合は別表第一の七〈G項〉の三に該当）の改正を行ない、枠を緩和したことによるもので、いわゆる占領政策緩和による第一次解除で、石橋は『言論報道関係』の一人として解除をうけた。発効は6月26日で、22年5月17日以降の追放はここに解除となる。（以下略）」

この追放期間をのちに石橋は「理由もわからずに私は謀殺された」といういい方で語っている。まさに格子なき牢獄《ろうごく》だったのである。この牢獄から解放されて再び政界に戻ることが可能になった。石橋はこのとき六十六歳になっていた。

これからの自分の人生は、「民主政治の確立」と「日本の発展」にささげたいと考えていたというのである。まさに人生への再出発の日だったと感無量に書き残している。石橋の人生は、このときから初めて権力につながる道そのものをまっすぐに歩いていく意思で固められた。その道のりは自らのこれまでの人生によってきり開かれてきた道でもあった。

第三章　追放解除後の戦い

追放解除後の動き

日本の占領期に「石橋追放」がなかったならば、石橋湛山《いしばしたんざん》の人生は大きく変わったであろう。それは日本の歩むべき道筋も異なったという意味になる。少なくとも吉田茂の占領期の政治、外交とは別の、いってみればより自主独立型の方向にむかったであろう。

むろんGHQ（連合国軍総司令部）との間に対立、相克が起こったことも否定できない。

追放解除後の石橋の動きは、それまでの閉塞状態から脱するのが目的といわんばかりに活発であった。解除から一週間後（昭和二十六年〈一九五一〉六月二十五日）には京都、大阪、名古屋へ直行して、解除記念祝賀の宴に出席している。石橋の挨拶は、追放解除の恨みごとを口にするのではなく、この日本をいかに救うかという点に尽きていた。

石橋にとって重要なのは、占領日本が一刻も早くこの状態を脱して自主独立といった形をとり、政治的、経済的、それに加えて人心も相応に自らの国を立たしめる気構えをもたなければと訴える点にあった。実際に各地での演説を確かめていくと、政治家石橋湛山には二つの顔が見えてくる。公職追放になる前の一年六カ月に及ぶ「追放前」と解除後に（第二十五回）衆議院選挙に当選（昭和二十七年〈一九五二〉十月一日）して総裁になるまでの四年間に及ぶ「追放解除後」の政治活動の顔である。「追放前」の初々しい政治家像と比べると、「解除後」は少しずつ権謀術数を身につけていったことが挙げられる。といっても戦前からの政治家は、軍部に対して是々非々の立場をとったり、面従腹背《めんじゅうふくはい》の姿勢を身につけていたから、すでにしたたかな政界遊泳術を身につけざるを得なかったのだ。

石橋にはその巧みさがなかったのだが、「解除後」はしだいにそれに対抗できる術を身につけていったともいうことができた。

石橋湛山年譜を改めてその目で見ていくと、全国での講演に積極的に赴いたのは、湛山自身も政治家としてかつての「石橋湛山」ではない、単に財政専門家ではない、との誇りを国民に知らせたかったといっていいであろう。とにかく昭和二十六年の下半期は、全国（とくに西日本を重点的に）を歩き回ったことがわかる。ちなみにその講演旅行で歩んだコースをこの下半期だけで見ていくと以下のようになるのだ。

▽7月14日から22日　豊橋、岐阜、名古屋、京都、大阪、神戸、浜松
▽7月29日から8月2日　富山、金沢方面（旅行のみ）
▽9月9日から18日　福井、新潟、福島
▽9月29日から10月10日　静岡県駿東各地

▽12月5日から12日　甲府、鏡中条、青柳、身延のほか駿東各地（旅行のみ）

もとよりこれらの地ですべて講演を行ったわけではないが、大半は国民にむけての講演という形になったといっていいだろう。このような石橋の歩んだ地を見ていくと、自らが出馬する予定になっている静岡県第二区を重点的に回っているといってもいい。これは石橋の参謀役として、何としても石橋内閣をつくりたいと願っている石田博英《いしだひろひで》らが意図的に画策したのだろうが、石田はその著（『石橋政権・七十一日』）の中でいかにも嬉しそうな筆調で次のように書いているのだ。

「追放解除はちょっとした石橋ブームを呼び起こした。マスコミの取材が相次ぎ、追放中遠ざかっていた政界人がどっとばかりに近づいてきたのである。石橋先生もこれに応えて積極的に発言した」

石橋の名を利用しようとする政界人は、現金といえば現金である。このころ吉田茂首相の演説は、どこか貴族趣味を装う点にあり、そしていかにもマッカーサーやGHQの信頼が篤いかのようにふるまっている。これに対してGSのホイットニー系の将校たちは、吉田の動きに注視しつつ、そのポストには石橋湛山が推されるのではないかと不安をもっていた。彼らは、日本の民主化政策にこのふたりが頑強な抵抗を続けているとにらんでいたのである。

しかし石橋は、とくにGHQ、なかでもGSと事を構える姿勢は見せなかった。この将校たちが権勢《けんせい》をきわめていたにしても、それは永続性がないと見抜いていたからだ。自らの論はGHQやGSを喜ばせるものではなく、独立国家・日本が必要としている見解なのだと確信をもって説いていた。解除後には、自分がそれを実践していくのだという弁論に変わったのである。

石橋が解除後に政治力を駆使していったのはどのような点を見るとわかるだろうか。

たとえば石橋の解除のとき、講和条約論争はほぼ単独講和に落ち着いていた。この年九月にサンフランシスコで講和会議が開かれることになっている。すでに吉田内閣のもとで講和条約の案文も煮詰めていた。最終的にアメリカの大統領特使であるダレスと、吉田との間でその条文を決めていった。ダレスは、単に政権内部とだけ話し合っては、講和条約を日本国民全体にまで広げられないと思ったのか、やはりこの年二月六日に追放中の鳩山一郎《はとやまいちろう》、石井光次郎《いしいみつじろう》、そして石橋湛山に会見している。

この席で講和条約について、それぞれ意見を求められているのだが、石橋は「早期講和には賛成だが、その前に占領政策の手直しをすべきである」との意見を述べた節があった。この日の石橋日記には「(ダレスとの)面会の結果は、むしろ失望なり」と書いている。それが何ゆえであるかは記していない。ただ前述の石田博英の書くところでは、鳩山も石井もこもごも追放解除を一刻も早く行うべきという点と、衆議院総選挙を行って、国民の信を得たうえで内閣が率先して講和への道筋をつけていくべきだと語ったようであった。

しかしこの二人がもし石橋の説いた占領政策の手直しに賛意を示していたなら、それは吉田政権に反対の意思を間接的に語っていることになったのであろう。しかし二人はその点では、石橋とは意見を異にする形になった。石橋が、占領期の吉田政治には、日本の国益に関する意識が欠如していると、ダレスに伝えたか否かは定かでないにしても、彼への不満は吉田を援護する点にあったのではなかったろうか。

石橋が第二十五回の総選挙で当選して「解除後」の政治家として活動する前に、あえて各地での講演や対話集会などで語ったその信条を改めて整理しておくことにしよう。なぜ昭和二十七年（一九五二）に入っても、時間の許す限り、石橋は講演行脚を続けていたのであろう。特に昭和二十七年一月から、八月二十八日の衆議院解散までの間に多くの講演を行っている。しかも講演の合間には「経済倶楽部の午餐会において『日本経済再建私案』と題し講演。午後ソ連通商代表と会見」とか「政令諮問委員会にて、憲法改正問題もこの委員会の議題とすべきことを提議」などといった活動を続けていたのである。

ちなみに昭和二十七年の講演や旅行について、年譜から見ていくと以下のようになる。

▽1月10日から28日　名古屋、京阪神、九州一円を講演旅行
▽2月23日から27日　駿東方面選挙区へ講演旅行。この間韮山にて鳩山一郎と対談し録音をとる。
▽7月10日から16日　岐阜、京都、大阪、神戸へ旅行

▽7月21日から24日　大館、弘前、秋田、能代、山形方面に講演旅行

▽8月14日から16日　大阪、神戸（河合良成《かわいよしなり》と同行）、呉、広島、再び大阪、京都へ講演旅行

▽8月19日から22日　仙台のほか宮城県下へ講演旅行

これらの地域を回ったという意味は、石橋の側近たちは「解除後」の石橋が議席を得ると、総裁候補に擬《ぎ》せられるとの思惑があったからだ。全国的に名を売る必要があった。同時に石橋のもとで政治活動を続けようとの政治家やその予備軍が、石橋を担ぐことにより自らの政治的立場を確保することを狙いとしていたともいえる。第二次吉田内閣はすでに誕生から四年余になり、人心も必ずしも吉田に追随しているわけではない。むしろ吉田に対して倦《う》んだ気持ちが社会全体に広がっていた。

その倦んだ気持ちが、石橋待望論につながったのである。

さらに石橋は、昭和二十七年に入り講和条約の発効（四月二十八日）以後は、とにかくこの国の指導者層とも次々に会っている。その氏名だけを挙げておくと、水谷長三郎《みずたにちょうざぶろう》、小汀利得《おばまとしえ》、中山伊知郎《なかやまいちろう》、辻政信《つじまさのぶ》、馬場恒吾《ばばつねご》、湯川秀樹《ゆかわひでき》などの名が見えるのだが、こうしたさまざまなタイプの人物と会うのは、それだけ石橋が注目される存在になってきたということだ。旧軍人の辻政信との会見ではどのような会話を交わしたのかは興味をもたれるが、その内容はわかってい

ない。

しかし水谷長三郎と小汀利得、そして中山伊知郎との座談会（『文藝春秋』昭和二十七年六月号）を繙《ひもと》いてみると、ここでは経済の話が中心であり、講和条約発効後、日本の経済政策はいかにあるべきかを論じている。

「**石橋** とにかく日本の政治というか、それが、各界の話合いが非常に足らないと思うのだな。政府、政党、財界、労働界、これは、日本の現状においてはもつとアメリカのように論争するといいのですよ。民主政治はディスカッションの政治なんだから、ディスカッションはうんとしなければならぬ、その落ちるところは結局国をよくする。国民の生活をよくする。生産を起すということなのだから、ぼくはもつとほんとうに話合つたら労働者とも政府ともうまく行くんじゃないかと思う」

「**石橋** 僕は、日支事件が起つたとき、日比谷の公会堂あたりで演説もし、書きもしたけれども、この戦争はいかぬ、何故かというと、支那は言葉は悪いが、みみずみたいなものだ。頭切られても、尻尾切られても生きてるものだ。それと日本が戦争すると、日本の方がどうしても歩が悪い。だから、これは非常な長期の戦争になる。その時は負けるとは言えなかつたですからね。とにかくそういう警戒の言を発しておつた。

今日、自由主義国家群と共産主義国家群の関係が、ややそれなんです。不幸にしてソ連というものは、ああいう国で、支那に似てるんだね。（中略）それから中共というものは、や、明敏な国民であるけれども、中共であろうと、国民政府であろうと、適当に生きてるという、みみずみたいな国だ、この二つを相手にして、経済的に非常に敏感なアメリカとか英国とか日本とかが立向かうということはどうしても、こっちが負けですよ、そのことはよほど考えてやらなければいかんと思う。行詰まるとは思わないけれども、しかし、分は非常に悪い。英国は行詰つて、緊縮政策をとるというのは、それの現われです。だからアメリカには一番力があるのだから、よほど善処してくれないと、とんでもないことになるんじゃないかと思うわけです」

気心の知れた仲間でもあるのか、小汀利得や中山伊知郎、水谷長三郎などとの座談では、聞き役に回っている。わずかに前述の引用のように議論の必要性を訴え、中国やソ連をどう見るべきかの視点も説いている。社会主義を奉ずる国の特徴を見抜いている点もわかる。同時に石橋は、アメリカについてきわめて冷めた見方をしていることが座談の各所からも窺《うかが》える。

この座談会でもわかるように、石橋に与えられるテーマは、日本が占領政策を解けたあとに、どのような財政政策をとるべきかにあった。さしあたり石橋にはその処方箋が求められたのである。日本は国際社会に復帰したといっても、朝鮮戦争が始まって表面上は軍需景気にわいているが、それは日本経済そのものの構造的あり方が円滑にいっているわけではなかった。むしろ脆い感じのする特需景気でもあった。

もともと日本経済は、ジョセフ・ドッジ（GHQの経済顧問）によって指導され、緊縮財政が進められていた。いわゆるドッジ不況という状況であった。昭和二十五年、二十六年ごろは中小企業の倒産が相次いでいた。こういう現状に対して、石橋は真っ向から批判したのである。企業の生産拡大、輸出拡大、国内需要の活発化によって、雇用を守っていく。つまり国家財政のみを考える政策ではなく、国民の生活の安定を図ることを第一義とした経済政策に転換しなければならない、日本にはまだその体力はあるとの主張であった。いわば経済の自立ともいうべき論点を明確にしたといっていいかもしれない。

自由主義者としての原点

この石橋の経済政策は国民の間にも関心がもたれ、それゆえに各地の経済団体などからの講演依頼が相次いだのである。石橋は財政専門家ではなかったにせよエコノミストとしての論をもっていた。それゆえにその発言は注目された。このエコノミストという表現は、石橋自身、自らにふさわしいと考えていたが、しかし石橋の原点は、むしろ経済政策よりも自由主義体制を尊ぶ政治思想にあった。この点では占領下の国民の間に、石橋のような戦争協力と一線を引いた者は公職追放から外されるべきなのに現実にはそうなっていないことに衝撃があった。改めて政治家としての石橋の演説内容に共鳴することになったのである。石橋は好むと好まざるとにかかわらず、戦前、戦時下の自らの立場と所信を明らかにすることが求められた。それがこの期の公職追放者に課せられた役割ともいえた。

石橋はなぜ公職追放になったのか、その理由を国民に説明することは、つまりは自らが真の自由主義者であり、戦争そのものへ反対したという事実を詳細に説くことであった。

こうした事実を石橋がどこまで語ったかは不明だが、次の二つの点は演説の中でも語ったにちがいなかった。石橋は、次男の石橋和彦《いしばしかずひこ》海軍主計中尉の戦死をしばしば口にしている。和彦は学徒出陣し、海軍経理学校を卒業したあとに主計中尉として任官し、クェゼリン島に送られた。この激戦地で命を落としたのであった。

和彦死すの電報は、石橋にとって大きな衝撃であった。このときの内輪の慰霊の会でその心中を明かしている。そのことは『石橋湛山全集』第十三巻に収められている。石橋がこの悲しみや悔しさを聴衆にどのように語ったかは興味のもたれるところだが、そのすべての言をやはり紹介しておくべきであろう。

「私は予《かね》て自由主義者である為《ため》に軍部及び其《そ》の一味の者から迫害を受け、東洋経済新報も常に風前の灯の如《ごと》き危険にさらされている。併《しか》し其《そ》の私が今や一人の愛児を軍隊に捧げて殺した。私は自由主義者ではあるが、国家に対する反逆者ではないからである」

この挨拶は、戦時下、そして戦後も人の口から口へと伝わっていった。しかもこの言こそ、戦時指導者たちが自らの子供たちを戦場に送るまいとして幾つもの姑息な手を打ったことに対してのもっとも有効な対極の論であった。石橋のこの挨拶は、「私は戦争という国策を選んだ戦時指導者に反対する一国民である。しかし私は断じて国家に反逆しているのではない」との趣旨は、歴史上に刻まれておかなければならない至言であった。

東洋経済新報社百年史編纂室長を務めた山口正《やまぐちただし》は、この石橋の心情の中に、軍事指導者との本質的な「思想的対立関係」がみられると書いている。同時代に生きる者がどのような思想をもつか、の鍵をにぎっていると説くのである。私もまたそう思う。山口によるなら、太平洋戦争には自由主義国家群と枢軸国家群の対立があるが、石橋は明らかに前者に立っている。そこで八月十五日の日記の記述が生きてくるというのだ。

「考へて見るに、予は或《ある》意味に於《おい》て日本の真の発展の為《た》めに米英等と共に日本内部の逆悪《ぎゃくあく》と戦つてゐたのであつた。今回の敗戦が何等予に悲みをもたらさざる所以である」

石橋にとって、敗戦という事態は特別に悲しいことではない。むしろこの国の「逆悪」がのさばらないだけよかったとの意味を含んでいたのである。石橋のこのバランスは、ポツダム宣言受諾に対する恐怖より、もともとアメリカンデモクラシーそのものへの信頼のほうが強かったのだ。

山口はこの二つの言を紹介しながら、ともすれば歴史修正主義者たちが、石橋を自らの陣営に引きこもうとすることについて強い批判を浴びせている。そのうえで自身の意見として、「石橋を歴史にどう位置づけるかは、結局二つの言葉——次男戦死のときの挨拶と、敗戦のときの日記の記述――をどう統一的に理解するかにかかっている」と結論づけている。自由主義者が戦争を選択している国家権力とどう対峙したかは、甘い感傷やタテマエとしての自由主義を説いているのではなく、自らの命や家族の命を賭けているとの意味であった。

それはまさに「生と死を賭けた闘い」と山口はいいたいのであろう。私もまたこれに同意しているのである。

石橋は、追放解除となったあと、自らの評伝を書くことにし、まさに日々コツコツと筆を進めている。この自伝（のちに毎日新聞社から刊行され、タイトルは『湛山回想』とされた）では、自らの幼年期から追放解除までの人生の歩みを特別に飾らない筆調で書き進めた。この書の帯に推薦文を寄せたのはやはりエコノミストの小汀利得であった。小汀は、石橋湛山なる人物はいかなる経歴をもっているのか、追放が解けた今、彼に何が期待できるだろうか、と書いている。石橋の実像はこの書によって初めて明らかになったのである。

この自伝は、政治家、ジャーナリストの回想録としてはレベルの高い書である。つまり客観的であり、実証的である。石橋には宗教家といった顔もあるのだろうが、この書は一切そういう匂いは感じさせないように気くばりをしての自伝になっている。

解除後の石橋は、自らを支援する代議士たちの選挙区に後援にでかけたり、主要都市でその政策を訴え続けたが、霞が関、永田町などの官僚や政治家とは一線を画し、とくに高級官僚たちとはまったくといっていいほど接触をもたなかった。それゆえ、官僚たちにとっては人気の薄い存在ともいえた。そのことは石橋にとってプラスとマイナスの両面があった。プラス面は、脱官僚を旗印に政治家が政策をもって官庁にのりこみ、彼らを自らに従属させることができた。加えて庶民には融通のきかない官僚タイプが嫌われる時代に入っていたため、官僚出身よりも集票の点では有利だったのである。

もうひとつの側面は、官僚が面従腹背に徹して、政策を進める折りに巧みに力を抜くことがあった。多くの政治家は、この点で官僚の軍門に下ることにもなるのだが、しかし指導力をもってすればそれは防げるともいえた。石橋がその指導力をもっていることは吉田内閣での大蔵大臣としての実績が裏づけていたのだ。

「闇討ち除名」

石橋が政界復帰を企図し活動を始めたのは、昭和二十七年（一九五二）十月一日に行われた第二十五回の総選挙からである。静岡県第二区で立候補し、候補者七人のうち定員五人である。石橋は社会党の勝間田清一《かつまたせいいち》には及ばなかったものの第二位での当選である。これで石橋は鳩山一郎、三木武吉《みきぶきち》らの追放解除組とともに再び国会に議席をもつことができた。ただし興味深いのはこの投票日の二日前（九月二十九日）に、石橋は河野《こうの》一郎《いちろう》とともに自由党から除名処分を受けていた。自由党の党首は吉田茂であり、吉田からの一方的な攻撃であった。

この除名処分の中に、吉田と対立することになった石橋の強い抵抗の姿勢があった。自由党は公職追放組が戻ってきたのを機に、再び派閥争いが露骨になったのである。なぜ石橋は除名処分を受けたのか。この二人の除名は、吉田の「闇討ち除名」と評されている。まったく突然のことであった。

石橋は解除後、鳩山と政治行動を共にすることを明らかにしていた。石橋自身、六月十五日に料亭・般若苑《はんにゃえん》で、鳩山一郎の快気祝いを開いた。鳩山は解除後、しばらくは体調のすぐれない日が続いたのだが、その病状が落ち着いたというので祝宴をもったわけである。この日、快気祝いに集まった人は三百人を超え、鳩山を支持する政治家や後援者はかなりの広がりをもっていることが明らかになった。ここには鳩山や石橋に近く、反吉田色を鮮明にしている政治家も集まった。こういう動きにむろん主流派の吉田派は不満を募らせる。

吉田派は、こうしたグループを反乱軍と呼んだ。石橋がこのような会を開くことはむろん鳩山とともに自由党内閣をつくろうとの意図があった。吉田とその一派にとっては目ざわりだったのである。これが伏線だった。このころ鳩山派の政策綱領なるものが、鳩山派の議員たちによって演説会のたびに紹介された。

しかし実は、この綱領は石橋が作成したものであり、石橋自身がこの方向でいずれ政治的指導者になったときに実現する思惑を秘めていた。ただ一般には鳩山派の政策綱領とされたために、石橋の各種の資料には入っていない。そのために石田博英の書がその全文を紹介しているので、これは石橋がまとめた石橋派の政策綱領という見方で以下に記述しておこう。まず〈外文〉では六つの柱があり、その中の一、二と六を引用しておく。これが石橋内閣誕生時の内容になると思われるからである。

一、国際連合の一員として、これが強化充実に率先協力し、世界一家の実現を期す。

二、世界が二大陣営に分裂し、相闘争する現状は人類の至大の不幸なることを深く反省し、その調整を期す。

六、われ〳〵は日本が太平洋戦争に突入するに至りたる過去を深く悔恨し、同戦争によって損害を被りたる諸外国に対し、精神的ないし、物質的の成し得るかぎりの償いをなすことを期す。ことに東南アジア諸国に対する賠償が、その資源開発のために寄与しうる形において行われることを希望する。ただし、これがため日本の経済の自立を危くし、日本国民の生活を困難に陥れることは、かえって世界に災をもたらすゆえんなることを考え、その調節については、これら諸外国の諒解を受けんとするものである。

そして「軍事」については、以下のようにある。これがもっとも重要な点なので四点いずれも引用しておく。

一、日本国憲法第九条は、日本国民の信条とし、あくまでこれを世界に撤廃することを期す。
二、しかしながら世界の現状は、不幸にして全般的軍備撤廃を許さず。従って日本もまた国際義務遂行に必要にして有効なる軍備を保持することを期す。
三、日米安全保障条約は、第二項の観点より、成るべく早き機会において、東亜の関係諸国を一丸とせる綜合的安全保障条約に進展せしめることを期す。
四、日本国憲法第九条は以上の趣旨を明確にするごとく修正す。

そのほか「厚生」「教育文化」「財政」「経済」の四分野について三項から七項の項目を設けてそのビジョンを明かしている。この中で石橋にとってもっとも得意とする「財政」については、五項目が挙げられて具体策が示されている。その中で一と二は以下のようになる。

一、行政を極力簡素化し、無駄を省き、歳出の縮小を期す。たゞし、いわゆる行政整理と称し、いたずらに失業者を造出するがごとき処置は行わず。
二、財政を消費的部分と資本投下部分とに分ち、後者に大いに重点を置くことを期す。

こうした国家ビジョンを見ていくと、自由党を動かしている吉田首相とその一派との間には幾つかの違いがあることがわかってくる。確かに西側陣営に立ち、中立主義はとらず、東西冷戦下では一定の軍備をもたなければならないとしつつ、しかし日米安保条約を含めて周辺諸国との関連法規の整備を強調しているところに、アメリカ一辺倒の姿勢を排していこうとの思惑も見えてくる。ただしこの案は石橋がまとめたにしても、石橋自身の考え方がすべて詰まっていると見るわけにはいかない。

のちに紹介するように、石橋は憲法第九条の先駆性を認めつつ、これを廃止したり、削除するのではなく、「九条凍結論」を打ちだして注目されることになるからだ。この第九条についてはその先駆性を認めても、あまりにも各国との関係が非協力的外交になるのではないかと恐れているように見える。したがってこの案は、石橋の考え方そのものと同一視するわけにはいかないというので、石橋サイドの各種の資料には掲載されていないように思う。

だが改めて全体を見れば、この方向は資本主義体制の利益そのものを守るというより、当時の右派社会党と距離感が近いといっていい。石橋が追放中も、右派社会党の書記長である西尾《にしお》末広《すえひろ》としばしば会見して意見交換していたのはお互いにその思想の近さを自覚していたからとも思えるのである。

二つの派閥

石橋が河野一郎とともに総選挙の投票日の二日前に自由党を除名になるのは、確かに吉田の強い意思であった。党首である吉田の一存で行ったからだ。これは政治の裏側を分析することになるのだが、総選挙の折りにも、石橋や河野は吉田首相に平伏したり、その言い分をすぐに認めたりしない。つまり二人とも吉田に対して、臆することなく自説を主張するタイプであった。

二人の除名が新聞で騒がれても、吉田は幹事長の林譲治と総務会長の益谷秀次《ますたにしゅうじ》に書簡を送り、「党としてハ全然斯る風潮を無視せられ、応答若くハ弁解がましき事ハなされぬよう願敷、其内総選挙騒ぎニて消滅可致と相考候」と伝えている。

鳩山を支え、自分を敵視するものは許さないというワンマンとしての発想であった。

それにしても総選挙の二日前の除名は、当時の政治部の記者たち、さらには政治評論家にはさまざまな噂を呼んだ。そうした記事をすべて読んだうえでわかってくるのは、たったひとつの点である。それは〈吉田と鳩山の政治的対立の口火〉になったという事実であった。吉田にとって石橋と河野の二人は、もっとも目ざわりな存在だったのである。二人の言動が反党的であり、それは党規違反であるというのが表向きの理由であったにせよ、吉田はこの自由党は「私の政党」であり、二人はそれを認めないから除名であると公然と主張したと受け止められた。

同時に自由党の内部には、河野、石橋を支援する鳩山グループが一定の存在感を示していた。このグループは吉田のこの措置に激昂している。十月一日の第二十五回総選挙では、石橋も静岡第二区で当選するのだが、この日の夕刻、東京・音羽にある鳩山一郎邸には鳩山の支援者たちが集まっている。石橋の年譜によるなら集まったのは、三木武吉、大久保留次郎《おおくぼとめじろう》、安藤正純《あんどうまさずみ》、北昤吉《きたれいきち》などであり、まずは全員で河野と石橋の除名は認めないことを確認している。そのうえで新たに「鳩山を首班とする党一本化の方針を進める」との申し合わせを行った。

吉田の横暴を防ぐためには、鳩山派を結成して抵抗していくというのである。いわば自由党の中には、まったく考え方の異なる二つの派閥が存在することになった。吉田と鳩山の政治対立は、戦後日本の議会政治の特徴ともいえるのだが、その対立がより鮮明になったともいえた。吉田は昭和二十年代の占領期の大半を担ってきたわけだから、占領政治の全面肯定の側に立ち、憲法擁護、アメリカへの軍事依存などを特徴としているのに対し、鳩山派は自主憲法の制定や国防軍の創設などをスローガンとしたとはいえ、吉田と鳩山の対立の背景には、こういう人間的な対立が顕《あら》わになるということだった。

この対立そのものは、いわば自由党内部の政策の基本的な対立抗争を意味していた。石橋の参謀役・石田博英は、その著書（『私の政界昭和史』）の中でこのときを機に、「鳩山氏を盟主として、吉田政権打倒をめざすわれわれの二年にわたる闘争がはじまった」と書いている。いわば河野、石橋の除名はまさにその闘争の号砲の役割を果たしたというのである。そして、「選挙後、われわれは石橋、河野両氏の除名撤回を求めて、『自由党民主化同盟』（民同）を結成した」が、この民同を指導したのは、石橋湛山、河野一郎、それに三木武吉の三人だったと書いている。

この吉田、鳩山対立の抗争は、政策面では吉田の掲げる戦後政治とそれに抗して日本の政治・軍事の自立を求める一派との闘いに進展していくといってよかった。もともと第二十五回総選挙の選挙運動そのものが、吉田と鳩山の対立を色濃くしていたのだから、事態は予想どおりの方向にと落ち着いたと見ることもできた。

選挙結果を記しておくと、自由党は二四〇、改進党八五、右派社会党五七、左派社会党五四、労農党四、諸派七、無所属が一九となった。解散前と比較するならば、自由党は四五議席減らしたにもかかわらず依然として過半数は維持していたのである。他の政党の増減では、改進党は六七から八五に、右派社会党は三〇から五七に、左派社会党は一六が五四にふえた。左派社会党のこのふえ方は二二議席の共産党がゼロになったのを見てもわかるとおり、共産党の議席を奪っての勝利ということができた。

この結果について考えるなら、日本社会は、〈昭和二十七年〉という、いわば占領期を脱して自立していくスタート地点に立って、占領政策肯定派と否定派がほぼ拮抗した状態にある一方で、日本は社会主義の方向を目ざすべきだという勢力が国民の四割近くに及んでいるとの見方ができた。現代日本史のスタート地点に立ってのこの構図は、石橋にとってどのような意味をもつのか、そのことは充分に検討されておかなければならない。

ある推測をもちこんでおくならば、もし石橋が追放にならなかったら、この占領期が解けたあとの総選挙で、あるいはもうひとつ前の選挙でということになっただろうが、政権に近づくことはありえたであろう。吉田政治への苛立《いらだ》ちが国民の間に広まっているときに、石橋は充分に受け皿になりえたのであった。

自由党は、この総選挙で二四〇議席を得たが、吉田派は自分たちの派閥の者が一九〇に及んでいるといえば、鳩山派は一二〇に達していると、互いにその勢力を誇示しようとしていた。しかし現実に過半数をわずかに超えただけの吉田政権は、党内にいる鳩山派（前述の石田博英の表現を用いるならば民同派ということになるのだが）の動向を無視するわけにはいかなかった。鳩山一派が協力を拒否したならば、吉田政権はたちまちのうちに瓦解《がかい》してしまうからであった。いや自由党そのものが分裂してしまう恐れを抱えていたのである。

こういう状況のもとに石橋は、政治家としての再スタートを切る形になった。あえてつけ加えておくならこのような状況は、石橋にとって実は痛《いた》し痒《かゆ》しの状態でもあったのだ。というのは石橋は、政治的立場では吉田に対する怨念、不信、それに苛立ちをもとにその人脈から離れたわけで、吉田のマヌーバー的な政治技術に強い不信感をもっていた。石橋にとって、自らが公職追放に追いこまれるというのは何としても納得できないことであり、それは自らの戦前、戦時下の反軍的立場に泥をかけられることを意味していた。吉田はその石橋のプライドを守ろうとせず、それゆえにむしろ政敵に育ちつつあった石橋の立場を逆境に追いこもうと画策したのである。

総選挙の二日前に吉田によって、除名処分となったときに、石橋は新聞記者に対して、「このようなバカげた対応をする吉田首相を軽蔑する」と激しい言を吐いた。すさまじい怒りを込めての表現であった。まさに「吉田憎し」だったのである。当然なことに二人の関係は修復不能になっていった。

しかし一面で、石橋の政治的立場は、むしろ鳩山よりも吉田に近いといえた。吉田派は「再軍備はしない」「民力充実」といった柱を掲げ、経済政策では池田《いけだ》勇人《はやと》蔵相がインフレ抑止策をとったのに対し、鳩山派は「再軍備」を訴え、経済政策に対しては積極政策をとり、むしろインフレを助長するような方向を目ざして、経済を活性化しようと考えたのである。石橋は経済政策においては、池田と充分に会話が可能であり、そこが対立点に見えつつも実際にはそうではないといった状況であった。しかし鳩山が掲げる「再軍備」論は、明らかにこの期の石橋の考え方と相対する形になっている。

鳩山の演説草稿を書いたにせよ、それは鳩山への期待であり、つまりは肌合いの違いは否定できなかった。

鳩山派に与した理由

第一次吉田内閣のときに蔵相として民間側から入閣した石橋は、表面上は経済専門家としての立場からの発言が多かった。しかしもう一面で、日本の再軍備についてはきわめて慎重であった。たとえば追放中に原稿を書いたものの結局は出版に至らなかったのだが、『戦後日本のインフレーション』という稿の中には、「日本軍部跋扈の由来」という一項があり、明治からの日本軍部について石橋なりの見解を披瀝《ひれき》していた。その中から石橋の独自の見解をまずは確かめておく必要がある。軍閥が軍部という名のもとに、昭和という時代をふり回したのを強く批判している。軍部が天皇の大権を逆手にとってふり回した愚への批判である。そういう事態はもともと日本の軍閥が憲法の外側に位置するような制度上の問題があったと指摘したうえで、それでも明治時代の軍部には一定の抑制力があったとの見方も示している。

「とはいえ、日本の軍閥は、また必ずしも最初から悪業のみを続けたのではない。日本の内政については、軍閥はしばしば横車を押し、民主主義政治の発展を妨げる大障害をなした。しかし対外問題については、彼らは常に慎重であった。たとえば大正四年の二十一箇条問題の際、内閣の強硬論に反対し、出兵を拒んだのは、陸軍の長老山県有朋《やまがたありとも》であったと伝えられる」

石橋は、軍部の横暴を抑制するのは日本人の英知によるとの結論を導いていたように感じられる。こう考えると、昭和二十七年十月に当選して政治家として再スタートした時点での石橋の防衛論（いわば再軍備論ということにもなるのだが）は、三つの軸をもっていたことになるのではないか、と私には思える。

一、専守防衛に徹する軍備は最低限必要である。

二、軍事をコントロールするための文民支配の確立。

三、軍事教育の再検討と新しい国家目標にもとづいての再軍備を。

この三点に共通するのは、昭和の軍部の横暴とその誤ちを徹底して分析し、そのうえで新たな軍事論にもとづいての再軍備を、という主張だったように思える。つまり性急な再軍備論者とは一線を引いているという点では、鳩山より吉田に近いといえた。昭和二十六年（一九五一）九月のサンフランシスコでの講和会議に出席する吉田を代表団とする全権団に対して、石橋は励ましとも、あるいは苦言とも思われる一文を毎日新聞に投稿している。そこでは憲法九条にふれ、戦争に訴えない、軍備をもたないとなっているが、アメリカ軍が駐留することになれば現実には軍隊をもつことにならないかと問うている。

日米安保条約は現状ではやむを得ないが、それと憲法の関係はどうなるのか、全権団はそのあたりを国益を考えて対処すべきだとしている。石橋は、最低限度の軍事力は必要だとの立場（それは具体的には日本経済の許容する範囲でということなのだが）から注文をつけたのである。全面講和に消極的、限定した再軍備に賛成というのは、吉田の本音と合致していたと考えていい。

石橋はむろん蔵相として、吉田内閣のもとで憲法制定に賛成していたわけだから、当時の考え方をもとに吉田を代弁する形になってもやむを得ないといえた。しかし総理の職を離れての晩年のことになるのだが、昭和四十一年（一九六六）一月一日発行の『中小企業』（中小企業政治連盟）に寄せた一文では、次のような明確な主張を行っている（山口正『思想家としての石橋湛山』からの引用）。

「憲法九条は生かせ――マッカーサーに無理やり押しつけられたものだからと改憲を論ずるものもいるが、良いものは誰が押しつけたものであろうと構わない。憲法において、国として軍備を持たず、国際紛争を武力で解決していくのではないと世界に宣言したことは、世界人類に向かって恒久平和を総国民が願っているという訴えでもあるので、私は人類最高の宣言であると信じている」

紆余曲折があったにせよ、石橋の本意はこの点にあったと理解すれば、吉田とも距離を置いていたというべきかもしれない。

本来の政治的主張を貫くのであれば、石橋はこの現憲法を守る側に立ってもおかしくはなかった。それなのに公然と「再軍備」を訴え、現憲法の破棄までを要求している鳩山派に与することは、本来の精神とは大きくかけはなれているように思える。なぜなのか、と問うならば、石橋は政治的信念を守る側に与するよりもはるかに吉田に対して恨みがあるからと、答えたに違いなかった。単にかつての同志がライバルになったというよりも、人間的に憎しみの感情をもつに至ったことになるといっていいであろう。

それをより鮮明にしたのは改進党の反吉田の姿勢に共感し、そのグループとの共闘態勢を大切にする政治的計算を顕わにしたのである。改進党は議会内でも一定の議席数を得たために、自由党にとって無視できない存在となり、石橋はこういう勢力との妥協の姿勢を明確にすることによって、あたかも自らの政治的立場を確かめようとしていたかのようであった。

吉田対鳩山、吉田対石橋

吉田茂はこの総選挙の結果を受けて、第四次吉田内閣を組織していくのだが、党内に鳩山派を抱えこんでその組閣が難航することが予想された。自由党の長老たちが二人の話し合いを望み、それが総選挙から三週間ものちに行われた。二人とも感情的になっていて、その会談の設定さえも難しかったのである。鳩山は吉田に対して、まず河野と石橋の除名処分を撤回せよとつめよっている。すると吉田はあっさりとこの要求を呑んだのだが、「その代わりに」との条件もつけた。

「ではあなた方は吉田首班に同調してほしい。それが条件である」

鳩山はこれを受けいれた。自由党内の鳩山を推すグループからは、「吉田の巧妙な戦略に鳩山は利用された」とのつぶやきが洩れたが、それは確かにあたっていた。石橋はこの政治的取り引きに改めて吉田への不信を強めた。この一年ほど前のことだが、石橋は鳩山の人物論の原稿を「碁《ご》」を例にとって書いたことがある。「天分の認識」と題するエッセイのようなものだが、そこで鳩山から碁は母堂《ぼどう》に習ったと聞かされたのだという。

石橋は次のように書く。

「政治家のたしなみの一つとして、碁も必要だという母堂の心やりから、母堂自身が師匠をとって碁を習い、さらに、それを若い鳩山さんに伝えたのである」

このエピソードは石橋自身が、鳩山から直接確かめたというのだ。そう書いたあとに、「ところで私は、残念ながら、そういう、おっかさんがなかったので、碁も将棋も知らない」と自らと比較している。鳩山が受けたであろう英才教育に対して、自分は野に在って逞《たくま》しく生きてきたとの自負が見え隠れしている。政治家としても鳩山と石橋の間には、この違いが如実にあらわれているという意味になる。

第四次吉田内閣の発足にあたって、吉田は自らの人脈で固め尽くした。石橋と河野の二人の除名取り消しをもとにつくられた内閣であったのだが、吉田はしたたかであった。その取り消しをまったく行おうとしないのだ。鳩山一郎は政治家を退いたあとに回顧録（『鳩山一郎回顧録』）を著したが、その中で吉田の鉄面皮《てつめんぴ》を怒りの筆調で、「吉田君はその翌日から、私との約束などはもう全く意に介しない風である。特に石橋、河野両君の除名取消しに至っては、その素振りさえみえない」と書いている。吉田の二枚舌に見事に引っかかったというべきであった。

この反古《はご》が実は、吉田、鳩山対立の決定的な因《もと》となった。怒った鳩山派の面々は、安藤正純《あんどうまさずみ》を委員長に据えて三木武吉《みきぶきち》らを含めて自由党民主化同盟を公然と旗揚げする戦略にでる。この組織がやはり民同と称されることになるのだが、民同は、野党の社会党や改進党とときに共同歩調をとり、吉田批判を強めていくことになる。吉田は戦術では勝っても戦略では大きな失敗を犯す愚をくり返したということもできた。

もう少しこの期の政治状況についてふれていくことにするが、吉田内閣は実は鳩山を含めて民同一派を怒らせてしまったことで、徐々にその政治的基盤を弱めていった。身からでたサビともいえた。その第一弾は、第十五回国会で、池田勇人大蔵大臣が野党の質問に対し、中小企業の五社や十社が倒産したとてそれはたいした問題ではないと答えて、野党側から不信任案がだされたことだ。改進党、左派社会党、右派社会党、労農党、無所属などが揃って、吉田政権へ反対の足並みを揃えたのである。これに民同の二十五人が呼応する形で、採決に欠席したために不信任案は、七票差で可決された（十一月二十八日）。池田はただちに辞任してこれに応じたのである。

石田博英は、「民同派有志二十五名が欠席して成立させてしまった」とその著の中に書いているほどである。そのうえで、「さらに民同派は、その年の補正予算案を人質にとって、一二月一四日、ついに石橋、河野両氏の除名取消しを実現した」と書く。民同もまた手段を選ばずに吉田内閣にダメージを与えたのである。

このことをもう少し詳しく説明するなら、吉田内閣はこうした党内事情の不安定のために、昭和二十七年度の補正予算案が国会を通過するか否かは不安定であった。なにしろ民同が協力を拒否したら、予算案は通過しない。そこで官房長官の緒方竹虎《おがたたけとら》が中心になって、吉田に「石橋、河野両君を党内に復帰させたらどうか」と説得を始めている。吉田内閣は早晩ゆきづまることは目に見えていたのである。こういう説得にも吉田は応じようとしない。当時の新聞を丹念に繙《ひもと》いていくと、「予算と復党は切り離して考えるべきだ。当たりまえじゃないか。私の目の黒いうちは決して認めない」とまで言い切った。鳩山との約束など知らぬ顔であった。

怒った民同の面々は、「では補正予算を通さない」と開き直った。それでやむを得ず吉田はその復党を認めたのである。まさに石田博英が記述したように、補正予算は「人質」だったことになった。民同の三木武吉は、吉田に対して「自由党創立の貢献者である両君を除名にしておくのは、きわめて無礼である。なぜなのか」とつめよっていた。眼光の鋭い三木がすぐに質問の意味をこめて、「党の民主化」に反するのではないかと語気を荒らげると、吉田はあっさりと除名撤回に及んだ。

つまるところ、吉田のご都合主義は、相手方の様子を見て決めた結果であった。

石橋は、吉田のこういうご都合主義を真っ正面から批判している。きわめて筋のとおった見識であった。石橋は吉田に絶望感を味わったのであろう。好んで争いを求めたわけではないのに、公職追放措置以来の怒りの感情は心中で燃やし続けていたことになる。その炎は消えない。石橋の正直な気持ちは、活字として残されている。それを紹介しておかなければならない。

「私どもの除名に憤慨した鳩山派の同志諸君が自由党民主化同盟を結成して吉田派と争った。私の当時の気持は真に党を民主化し、日本の政治を軌道に乗せたいと思ったためで、野望を達する私闘では絶対になかった。結局、十二月十五日、同志諸君の努力によって〝党の民主化―現執行部の即時辞任〟と〝私どもの除名取消し〟が吉田総理に了承されて、この争いも終ったのであった」

決して私闘ではない、という表現の中に、実は党内では、あるいは世間では、逆に「吉田対石橋・河野」の対立という構図があったと見ていたことがわかってくる。吉田と鳩山の対立は、その背景に吉田と石橋の対立があったとの意味にもなった。昭和二十年代の保守政治はこの構図で語ることができたのだが、それは戦前の非軍事派にいた三人のその姿勢の濃淡を語ることにもなっている。もっとも非軍事の側にいた石橋は、その政治的立場を吉田に警戒気味にみられ、いつか自分を脅かす政敵になるだろうと常に疎外されたともいえた。

その点で吉田にすれば、鳩山は軍部に巧みに利用された人の良さがあり、石橋よりはるかに御しやすい相手だったとなるのであろう。

バカヤロー解散

昭和二十八年（一九五三）に入ると、吉田政治は微妙なバランスを失う状態になっていった。

鳩山を支える有力な政治家が、次々と吉田を攻めたてるのだが、その策は吉田自身よりその側近たちを要職から外すことを要求していたために、政争自体はかなり複雑な構図を描くことになった。まず幹事長、総務会長などが党務を正確につかんでいない、といった理由で更迭を求めた。これによって吉田を党内側から支えた林　譲治《はやしじょうじ》や益谷秀次《ますたにしゅうじ》らがそのポストを離れることになり、吉田の権勢は少しずつそがれていくことになった。このころの自由党の人間関係は吉田と鳩山の対立にもとづいて、政治家たちもそのどちらかに加担しなければ政治的実績を残すことはできなかったのである。

こういう自由党を動かしていたのは三木武吉や大野《おおの》伴睦《ばんぼく》、それに広川弘禅《ひろかわこうぜん》らの旧いタイプの党人たちであった。これに抗したのは吉田に登用されることになった官僚出身者たちで、ここには佐藤栄作《さとうえいさく》、池田《いけだ》勇人《はやと》、岡崎勝男《おかざきかつお》らが吉田の脇を固めていた。ありていにいうなら、このころの自由党の人脈図はまさに戦前型、戦中型、戦後型とさまざまなタイプが入り交じっての抗争を続けていた。

その中で石橋はまったく稀有《けう》の存在であった。戦前型ではあるが、その時代の旧い体質は持ち合わせてなく、戦後型といっても官僚のもつ肌合いを嫌っていた。いわばどのようなタイプの政治家にも一目置かれる存在だったのである。それがやがて首相候補にかつがれていく理由でもあった。

しかしそこに至るまでに入りくんだ形の闘いがあった。その闘いをもっともよく象徴していたのがこの昭和二十八年だったのである。

党人事をめぐる吉田と鳩山の闘いは、つまりは幹事長に佐藤栄作が、総務会長に三木武吉が座ることで妥協がなった。三木が党のまとめ役を担うことになったために、鳩山派が少しずつ勢力を拡大する方向に進んだ。一月に入ってすぐに再開された第十五回特別国会で、吉田内閣の打ちだした政策（たとえば公共企業体のスト規制の法案、独占禁止法改正案など）は、野党の反対を浴びただけでなく、党内からも異論が起こった。吉田政治は自由党がわずか七名多いだけだから、鳩山支援の議員が反旗を翻せばたちまちゆきづまりになる。吉田はそのような苛立ちを低姿勢でのりきるタイプではなく、むしろ強硬策で対応しようとした。逆に石橋らにはそういう対応が有力な応援ともなったのである。

実際に吉田のそういう態度で国会は混乱することになる。二月二十八日の衆議院予算委員会で野党の質問を受けていた吉田は、「日本の首相として答弁してほしい」とアメリカ一辺倒の答弁を皮肉る言を弄《ろう》された。激高した吉田は、「無礼なことを言うな」とどなり、「何が無礼だ」のやりとりのあと、「バカヤロー」とつぶやいたのである。すぐに吉田は取り消したものの吉田政治を批判する政党や自由党内の反吉田派はまさにこの発言が僥倖《ぎょうこう》となった。

野党は懲罰動議を提出した。これに応じて鳩山を支援する民同の中には公然と欠席を主張する者があった。逆に改進党内部の吉田支援を公言するグループは反対を明らかにして票読みはまったくできない状態になった。この動議はつまりは一九一対一六二で可決されるのだが、鳩山派の三十七人、それに自由党内で反吉田色を強めていた広川弘禅の一派三十人が欠席したため、こういう形になったのである。このときに実は鳩山派の中にも亀裂が走った。この懲罰動議のあと政局は混乱状態になり、吉田内閣の提出する法案はことごとく停滞する状況になった。二十八年度予算案も国会は通らない。すでに吉田政治は死んだ状態になったとされた。

このため三月十三日に野党三派は内閣不信任案を提出する戦術に出た。そこからまた新たな党内抗争が始まった。

こうした自由党内の混乱には、三木らの意図もあったとされるが、この不信任案に対して鳩山派（民同）は分裂することになった。石田博英の著作（『私の政界昭和史』）からの引用になるが、「野党が提出した吉田内閣不信任案への対応をめぐって民同派は分裂した。石橋先生や三木武吉氏は、『不信任案に同調し、一挙に吉田内閣を倒す。吉田内閣は解散できない』という強硬論で民同派を引っぱっていった」とあった。

吉田政治をめぐるこのような抗争は、確かに政治的内容よりも政局上位の日本政治であったが、もとを辿れば吉田政治の過信や傲岸な政治手法への反感から始まっていた。それは徐々に、石橋のような温厚なタイプが登場してくる舞台づくりの伏線ともなったのだ。不信任案が上程された日（三月十四日）の朝、民同の二十二人が自由党を脱党している。その中には鳩山、三木、それに石橋、河野らが含まれていた。彼らはすぐに自由党分党（鳩山派自由党）を結党している。むろんこの中には石田博英も含まれていた。そしてこの日の衆議院でこれらの分党が

1953年3月14日、吉田内閣不信任案が可決され、衆院が解散された。世に言う「バカヤロー解散」。共同通信

不信任案に賛成することにより、不信任案は賛成二二九票、反対二一八票とわずか十一票の差で可決されたのであった。しかし吉田は総辞職せず、解散という道を選択してこれに応えた。吉田のこの選択は、予算案を始めとする法案成立の目途もないままに、とにかく自らの政権維持のみを目的としたのであり、吉田のそういう政治姿勢は国民の反感を買うことになった。

むしろ鳩山派自由党の側に期待が集まった。この分党では、総裁は鳩山一郎、幹事長は三木武吉、そして政策審議会の会長には石橋が座っている。世間の見方は、つまりはジャーナリズムの見方になるのだが、石橋はこの分党の中で政策立案の中心人物と見なされた。政策審議会会長が当面の肩書きであったが、この会長職に就くことによって、政策立案や遊説などはすべて彼の手ににぎられることになり、資金集めなどでも中心的役割を担うことになった。石橋系と評される政治家たちは、こうした状況の中でいずれ「石橋時代」が到来することを意識するようになった。石橋派ともいうべき政策集団ができていくきっかけでもあった。

吉田のバカヤロー解散による総選挙は四月十九日に投票が行われた。意外な結果になったのである。自由党は二十三人減の一九九人、改進党は十二人減で七十六人、左派社会党は十六人増の七十二人、右派社会党は六人増の六十六人であった。鳩山派自由党は十三人増えて三十五人となった。自由党の中から分裂した鳩山派自由党の面々は大体が当選している。自由党の内紛とみられた総選挙は、実はいわば怨念の闘いだったのである。

自由党内には鳩山派自由党への反感は高まり、とくにそのターゲットにされたのは河野一郎であった。吉田嫌い、そして吉田も河野嫌いとあって二人はまさに水と油の関係であった。総選挙後の首班指名をめぐる争いでは、鳩山派自由党は改進党の重光葵《しげみつまもる》を推している。しかし吉田の自由党が多数党を形成していたために、内閣を組閣することになり、第五次吉田内閣が誕生することになった。この改進党も表面上は保守政党であったが、党内には自由党と結びつけという一派に対して、もう一派は野党に徹するための方向を模索しろと主張した。結局はこの野党派が優勢になり、重光総理を企図したのである。しかし重光が敗れることによって、改進党はむしろ自由党に近づくことになった。鳩山派自由党の側は野党勢力に与していたが、しかし吉田が更迭されるならいつでも自由党に戻る体制をつくりつつあった。

石橋は中央で政治的駆け引きが続いている中、自らの選挙区を中心に、そして名古屋、大垣、岐阜とその演説会場を広げていき、ひたすら吉田政治が日本の将来を破壊することになりかねないと批判を続けたのである。

さらにこの年（昭和二十八年）、日本は独立を回復して二年目であったが、アメリカから再軍備の要請、さらにはMSA協定（相互防衛援助協定）をめぐって、日本の防衛力をいかなる方向にもっていくかなど、独立国としての軍事力の範囲をめぐって与野党の対立がより深刻になっていった。その点についてはアメリカから軍事力拡大の要請が強くあり、吉田は議会での少数与党では太刀打ちできないとしつつ、改進党との閣外協力、さらには鳩山派自由党などへの復帰の誘いなど、政界は再び再編成の方向へとむかったのである。

自由党復帰への道筋

吉田は鳩山派自由党の中で、分党に応じなかった安藤正純を大臣に据えるなど懐柔策をとっていたが、そのルートを使い、そして最終的には自身が鳩山のもとを訪ねて自由党への復帰を促す戦略をとっている。吉田ルートの復帰工作は、鳩山と石橋の説得が鍵になっていた。吉田の心理には、石橋はまだ説得できるとの判断があったのだろう。三木武吉と河野一郎にはまったく声をかけていない。吉田はこの二人を徹底的に嫌っていたのである。吉田や副総理の緒方竹虎、それに安藤正純らの説得は、しだいに公然たる動きになり、鳩山派自由党の中にも自由党復帰の声が高まっていった。

このころの動きについては、やはり前述の石田博英の書からの引用がより具体的でわかりやすい。石田の筆はかなり赤裸々《せきらら》に書かれているからである。

「自由党内は、三木、河野両氏に対しての反感著しいものがあった。とりわけ河野氏への拒絶反応は強く、安藤国務相ら民同残留組もまた河野氏を嫌った。しかし、石橋先生に対してはそのような反発はなく、吉田氏などむしろ好意さえ抱いているように感じられた。自由党の復党説得は集中的に鳩山、石橋両氏に向けられた。三木、河野両氏との間を離隔する企図もあったであろう。(中略)石橋先生の復党実現のため、緒方氏や安藤氏は側近の私に説得攻勢をかけてきた。私は逗子に、安藤氏は鎌倉に家があった。安藤氏はどういうわけか、私の帰る時間に合わせて電車に同乗してくる。そして熱心に自由党復帰を勧めるのである」

ここに書いている内容は、石橋湛山の自由党復帰が本当に可能なのか否かという疑いをもっていたことを示すのであろう。一方で鳩山支援のために自由党内部にも一定の範囲で「隠れ鳩山」を望む者があったということになる。石田も書いているのだが、鳩山が吉田の後継を狙うとするならば、自由党内の民同派や鳩山に関心をもってきている大野伴睦などの支援を受けなければならない。石田は石橋の苦労を承知のうえで、自由党復帰が望ましいと、吉田、鳩山の路線の跡を継ぐ勢力の拡大に強い関心を示していた。そのような計算のもとで自ら率先して、鳩山派自由党を自由党に戻すための算段を考えるようになったのである。密かに石橋と自由党幹事長の佐藤栄作の会談をセットしていた。しかしこれはお互いの肚のさぐりあいで終わった。

自由党内部は新たに誕生した第五次吉田内閣に対して、党内事情が一枚岩ではなかった。その不安定さが、ある意味では自由党の強みである。このあとの保守政治は、保守合同に進んでいくことでもわかるように結果的に新しい時代をつくっていくことになった。石橋は確かに吉田と対立していたが、河野のように挑戦的に吉田に抗していったのではなく、むしろ経済理論で池田蔵相と対峙するという形を選んだ。これが石橋のイメージを増幅させる役を果たしたのである。

石橋は当初自由党への復党に難色を示していた。その点では三木や河野と同じ立場であった。しかし石橋を支援するグループが、たとえばそれは石田博英らがそうなのだが、彼らが復党に応じる構えであることを知ると、それに従う態度を示した。加えてなにより鳩山が復党に応じる姿勢に転じた。鳩山の財政的支援者であり縁戚にもあたるブリヂストンタイヤの石橋正二《いしばししょうじ》郎《ろう》もそれを促す立場だったのである。その流れは鳩山派自由党の合流という形に結びついていく。

石橋は鳩山の復党には大義がないと考えていたが、しかし大勢には抗していない。石橋自身が自ら認《したた》めている一文がある。簡潔ではあるが、その心中がこうした一文の行間にはあふれているのであった。

「鳩山氏が吉田総理と十一月十七日会談するに及んで復党問題が表面化した。私としては理由が納得できなかったので同日同志とも相談して吉田自由党の現状では断じて復党できない旨を発表した。しかし鳩山氏の復党の決意は堅く、私は三木武吉君に説得されて十一月二十九日復党することになったが、三木君は松田竹千代《まつだたけちよ》君らが反対したため、ついに復党せず、日本自由党を結成した」

石橋は、鳩山の合流の決意が固いことを知り、とにかくそれに従うことにした。同時に石橋のもとに駆けつけている政治家たちの復党を受けいれるべきとの論に従ったのである。再三の引用になるが、石田はやはりその著の中で、「石橋先生は（中略）最後には分自党（注・鳩山派自由党）内の大勢に従って下さった」と書いている。そのうえで次のように一文を進めている。

「石橋先生が自分の感情、信念を抑えてまで、私ども子分というか、自分の後進のために自己の政治行動を決めたのは、おそらくこの時だけであったと思う」

石橋は吉田の意思がどうあれ、鳩山派自由党がこぞって復党すべきだと考えを変えて、三木の復党に反対する「子分」を説得しているが実らなかった。

鳩山派自由党が最終的に自由党に戻ることになった折りの鳩山と吉田の二人の会談（これは吉田が東京・音羽の鳩山邸に鳩山を訪ねるという形をとった）で決まったのは、憲法改正を考える鳩山の意思を受けいれて、自由党は党内に憲法調査会を設け憲法の条文について個別に検証するとの約束と、外交調査会を設けて日本の外交の進む方向を国民に正式に詳細に知らせるとの具体案だった。鳩山は吉田に対して、政策の透明性を訴え、そして納得させたのである。ここに至るまでに石橋は二つの大きな政治的実績を獲得することになった。

そのひとつは、吉田、鳩山、緒方竹虎、三木武吉、河野一郎、大野伴睦など、自由党と鳩山派自由党の幹部の間にその存在が知られ、しかも「話せばわかる」タイプの政治家と理解されたことだった。もうひとつは、個々の政策に対して具体的な裏づけとなる視点や見解をもっていることが明らかになったことである。この二点について、石橋は一方に偏しないバランスのとれた政治指導者というレッテルをしだいに己れのものとしていったのである。

昭和二十八年（一九五三）のこうした政治地図は、まさに政治家間の怨念と感情の発露でもあったのだが、しかしよく分析してみると戦後の保守政治が脱皮していくための避けられない闘いともいえた。これは当時の新聞記者である戸川猪佐武《とがわいさむ》がその著（『昭和現代史』）の中で強調しているのだが、自由党に戻らずに日本自由党を結成した「八人の侍」（三木武吉、河野一郎、松田竹千代、松永東《まつながとう》、中村梅吉《なかむらうめきち》、山村新治郎《やまむらしんじろう》、池田正之輔《いけだまさのすけ》、安藤覚《あんどうかく》）は、昭和二十九年

（一九五四）にあっても反吉田色を貫き、吉田内閣打倒と新党結成の原動力になっていく。そして吉田が約束して党内につくった憲法調査会の会長には、岸信介（岸は実弟の佐藤栄作の仲介で自由党に入っていた）が就いた。この岸がやがて三木、河野と連動して吉田首相へ抗する戦線を組み、新党運動を起こしていくのである。

石橋はこうした新党運動に対して、きわめて積極的であった。昭和二十九年は、石橋にとって本格的な政治闘争の年にと変化していった。

昭和二十年代後半に演じられた保守政党の離合集散は、石橋の考えていた戦略だったことも少しずつ浮かびあがってくる。そのことは首相を辞めたあとの昭和三十三年（一九五八）一月二十日から二十三日までの日本経済新聞（『私の履歴書』）の中で明かしていた。離合集散をくり返して、保守勢力を結集し、英国のように保守・革新の二大政党対立時代をつくろうと考えていたのである。石橋の中には、「革新勢力と対話できる保守、保守勢力を信頼する革新」という構図がある。この二大政党が対立しつつも、調和点を探していくことが望ましいとの政治信念が生まれていた。

石橋は東洋経済新報社に身を置くジャーナリスト時代、とくに二十代から三十代にかけて大日本帝国批判の論陣を張り、仲間と酒を飲んでは談論風発をくり返した。夜遅くに帰宅しても必ず一定時間、経済書を読んだ。それも今日は必ず何頁読むという計画的な読み方であった。この計画性を政治評論家の阿部眞之助は、石橋湛山論で激賞しているのだが、日々のそうした努力が、石橋の沈着な性格を形づくっていた。

一見してこの期に、政党に入ったり出たりしている政治行為は、石橋にすれば次の段階に進むのに避けられない計画的な処し方だったというべきであろう。

石橋にとって、「保守合同」という戦略が現実に形になっていくのは、昭和二十九年から三十年にかけてのことで、そのプログラムを着々と進めていったといえるだろう。その政略について、私たちはリベラルな政治家の歩みとして確認しておく必要があった。

第四章　首相への道程、その政局

石橋戦略の背景

戦後の日本の政治史は、昭和二十九年（一九五四）、三十年がひとつの節目となっている。保守党各派と右派、左派社会党の対立が、東西冷戦といった枠組みの中で、より明確になっていく。それが結果的にこの年から翌三十年への保守合同と左右社会党の統一という形をつくっていくのだが、両勢力の違いは東西冷戦下で西側陣営に明確に与するか、あるいは中立政策を採るかの違いでもあった。

同時に次のようにも指摘できた。

――占領前期（昭和二十年〈一九四五〉八月から昭和二十三年十二月ごろまで）の民主化、非軍事化を代表する革新勢力、占領後期（昭和二十四年一月から二十七年四月まで）の東西冷戦下における西側陣営の軍事拠点に依拠する保守勢力の対立、ないし代理戦争であった。この中にあってその中間地帯に位置したのが、石橋らの保守リベラリズム勢力であった。このグループは、戦前、戦時下で反軍的感情をもち、それを表面化したか否かは別にして、常に批判勢力として存在し続けた。

この枠組みの中で、改憲、護憲といった分け方や安定型の経済成長か、それとも幾分のインフレは覚悟したうえで積極的な財政政策をとるか、が分かれた。といってもその中間に位置する政治家は決して少なくなかった。自由党に属しているからといって改憲かというと必ずしもそうではなく、護憲を主張する者もいれば、社会党にあっても共産主義や過激な社会主義に反対で、穏健《おんけん》な社会民主主義や人間的な資本主義を主張する者もあった。こういう構図での石橋《いしばし》湛山《たんざん》はきわめて貴重な存在であった。石橋の思想は、帝国主義や共産主義に反対するという意味では、穏健な社会民主主義や人間的資本主義を待望する政治家の一人であった。

このころ日本経済新聞で紹介されている「私の履歴書」で石橋は、どのような政治哲学をもっているか、あるいは自らの証言などをまとめる形で、この時期の政治プログラムやその信念を披瀝《ひれき》している。その戦略とはどのようなものか、自由党にひとまず復党したあとに自らはどのような態度をとってきたか、その姿勢も明かしている。自由党復党時には復帰を潔《いさぎよ》しとしない三木武吉《みきぶきち》や河野一郎《こうのいちろう》らとの間でも密かに連携をとっていたようで、石橋の「反吉田感情」はそれほど簡単には消えはしなかったのである。次のような一節があった。

「私はかねがね敗戦後の日本で、小党が分立して党利党略をこととして争っているのを見て、これでは日本の再建はできないと考え、できるならば英国のように保守・革新の二大政党対立による政治の運営を考えていた。そこで（自由党への）復党を機会に私は私の考えを実行に移そうと思い、同志諸君に新党結成の必要を説いて回った」

石橋のこの表現の中には、吉田茂《よしだしげる》に率いられている自由党ではだめだ、もっと多くの保守勢力を結集できる政党をつくろうとの意図を含んでいる。実際にはこの期の年表を見てもわかるとおり、昭和三十年（一九五五）には保守勢力を結集してひとつの形をつくっていくのだが、前述のように社会党もまた統一の方向に進んでいく。こうした流れは石橋の計画が成功したともいえるわけだが、石橋の戦略が歴史上に刻まれたとの表現も用いることができる。改めて石橋の戦略はどのように実ったのか、石橋自身の回想をふまえながら検証していこう。

昭和二十九年は太平洋戦争の終結から九年を経たわけだが、形のうえでは戦争の影は漸次消えていったにせよ、人びとの胸中には戦争の傷が癒やされぬままに存在した。さらに言えば表面上は日本社会は戦争をすでに忘れ去ったかに見えても実際にはそうではなかった。石橋湛山全集編纂委員会編の『石橋湛山――自由主義者の歩み　写真譜』という百十頁の写真集がある。ここに収められている写真を見ると、昭和二十五年（一九五〇）、二十六年ごろからは石橋はしばしば家族写真を撮っていたようで、孫たちとの幾葉の写真を見ても一家の中に笑顔があふれていることがわかる。ほとんどの日本の家庭がそうであったように石橋家もまたその例に洩《も》れなかったといっていい。

しかしこのころのわずか十頁ほど前の頁をめくると、戦争で逝った次男和彦《かずひこ》と石橋の並んだ写真があった。「和彦の出発を送る」というのは出征の朝、軍服に身を包んだ次男と丹前姿の石橋が納まっている。

その説明文は、戦時下の石橋の胸中を知るうえで重要であり、次のように書かれているのである。

「次男和彦は、早稲田大学商・文学部を卒業後、昭和一七年、海軍経理学校に補習学生、見習尉官として入校。翌年一月卒業し海軍主計中尉としてマーシャル群島ケゼリン島に赴任。一九年二月六日、同島で戦死した。湛山は悲しみを周囲の人にはあらわさず、日記に、『此の戦如何に終るも汝が死をば、父が代りて国の為め生かさん』と詠んだ」

石橋の心中にはまさに、次男への想いをもって国のためにつくそうというのが、このころの本音であったのだろう。他者にはめったに次男の死を口にしなかったというが、しかしその胸中では「二月六日」という日は、石橋にとって特別の日であったことは容易に想像できたのである。

反吉田感情の高まり

昭和二十九年（一九五四）の一月下旬に再開された第十九回通常国会は、鳩山派の二十三人が自由党に復帰したこともあり、自由党は過半数には四人及ばないにせよ、実質的に議会政治のリーダー役を務めることが可能であった。加えて保守系の改進党は閣外協力の姿勢であったために、吉田自由党の議会運営には何の支障もないように見えた。

　この国会に提出された再軍備の方向を目ざす防衛庁設置法、自衛隊法などのほか治安立法、教員の政治活動を禁止する法案などいわば全体にタカ派色の濃い法案も議会運営のうえではすぐにでも通過するかに見えた。吉田首相は権力の基盤が安定していることで自信にあふれているときでもあった。

　こうした月が満ちているときこそ、実は政局には落とし穴があったのである。それは保守政権による汚職が深刻化していったことだ。具体的には民間の金融業者である保全経済会の理事長が新たな金融法の制定を目ざして自由党の有力者に政治献金を続けていたことが明らかになった。幹事長の佐藤《さとう》栄作《えいさく》、政調会長の池田《いけだ》勇人《はやと》などの名があがった。いずれも否定はしたが、国会内外に吉田政権の腐敗が明らかになったのである。

　さらに造船疑獄事件も起こった。

　これも一金融業者に多額の借金をした一企業の社長との間の支払いをめぐる対立から、造船会社や海運業者が手形の融通をしていることが明らかになった。造船の建造費は八割近くが国家融資であり、これに官僚の権益がからみ、そこに構造的な汚職という構図が浮かびあがってきたのである。

　この造船疑獄事件は、国会でも野党がとりあげることになり、しだいにその内訳が明らかになった。検察庁は、佐藤幹事長が造船工業界から二千万円を受けとっているのは収賄罪ではないかと判断して、その逮捕状を請求するに至った。むろんこれは吉田内閣にとって痛手である。幹事長の逮捕は前代未聞であり、内閣の存続に関わる重大事だったのである。そこで吉田首相は、犬養健《いぬかいたける》法相に命じて指揮権の発動（検察庁法第十四条）を行い、佐藤の逮捕を延期するように命じたのである。そして事実上は、その逮捕を見送る形になった。

吉田の政治生命はこのときを機に急速に衰えていった。この年六月に入っても国会は停滞していて、前述のような法案は成立の可能性はなく、自由党は会期延長を図って事態をのりきろうと試みた。それに抵抗する社会党との間で、国会は議員たちによる乱闘状態になり、ますます国民の不信を買うことになった。社会党は国会審議を拒否して、その変則状態がさらに不評を買うことになったのである。

政治はひとつの転換期を迎えていた。日本の議会政治は与野党が対立するのみで、相互の妥協と調和を図ろうとする意思はなかったのである。国民の目に映る国会の光景がこういう状態になっているとき、確かに国民には新たな決断を促すきっかけになった。政治の構図を変えてほしいとの願いであった。石橋の説いた戦略は、まさにその願いを表面化することにつながった。つまりこれまで満を持していた石橋の出番が着実に近づいてきたとの意味にもなったのである。

石橋のような言論人から政治家に転じた者には、ある共通点があった。それは犬養毅《いぬかいつよし》や尾崎《おざき》行雄《ゆきお》といった戦前の政治家、戦前からの政治家にも共通するのだが、言論の力によって現実を変えようとする意思であった。石橋も「評論の方から働きかけて、保守的なるものを進歩的にし、停頓せるものを発展的ならしむることの外には存しないと考える」との意見を明らかにした。一九三〇年代からのこの考えが、やはりこのときにも続いていた（中川眞一郎「評論家協会と石橋湛山」『自由思想』二〇一九年九月号）。

さらに石橋は、「人生を常に正視し、総ての事物の意義を之に対照して開明する能力」をもつことが言論人の資格であると言っていた。この言に倣《なら》うとすれば、戦後のこの時期、石橋はまさしく揺れる政治状況を「正視」していたことになるといえる。混乱しているかに見える政局は刻一刻と石橋に傾いていたといっていい。

政局の動きに並行するかのように、自由党の中には保守勢力の結集が望ましいとの声が生まれ、それは副総理の緒方竹虎《おがたたけとら》が代弁していた。緒方は当初吉田と相謀る形で保守合同が必要だと力説したのだが、そこには改進党との保守提携ではなく、「私のいう保守合同は自由党、改進党が解党して同志が新たな政党をつくることだ」と積極的にその必要性を説いた。この発言に勢いを得た形でというべきだが、石橋は保守合同の旗ふり役を任じるべく前面に出たのである。「正視」から「行動」への移行であった。

ところが造船疑獄などの汚職事件がより鮮明になっていくにつれ、石橋とやはり同じときに自由党に復党した岸信介《きしのぶすけ》は、この保守合同の前に吉田が退陣して、吉田抜きの自由党でなければならないと主張するようになった。緒方竹虎の説く保守合同とは一線を引く形になったのである。緒方派も石橋らの主張に公然と反対することになり、自由党内部は反吉田勢力がしだいに拡大していくことが明らかになっていった。

加えて改進党内部にも戦前からの党人派が存在感を示すと同時に、三木武夫《みきたけお》派の人脈は単なる保守勢力の結集に反対の意思を顕《あら》わにした。同時に下手に動けば、吉田の延命策になるとの見方がしだいに広がり、緒方の説く保守合同に反発するようになった。その分、石橋の出番はより明確な形をとることにもなっていく。しかも改進党で力をもっている芦田均《あしだひとし》は、石橋、岸と接近して反吉田の動きを見せ、保守合同とはむしろこの側の者といった露骨な形をとることにもなった。実際に石橋、岸とともに芦田は国内遊説を進めることになっていく。

石橋派を動かしている石田博英《いしだひろひで》はやはりその書（『私の政界昭和史』）の中で、「（昭和）二九年夏、石橋、岸、芦田の三氏は、新党結成を訴える全国遊説をはじめた。私は芦田氏に付けられ、石橋先生には赤城宗徳《あかぎむねのり》氏が付いて全国をまわった。自由党では七月の役員人事で幹事長に新党運動に批判的な池田勇人氏を選んでおり、石橋先生らの演説も反吉田政権の色彩を濃くしていった」と書いている。そのうえで、石橋は「迷うことなく反吉田新党結成に向けて走っていった。その立場は三人の中でも一番はっきりしていた」とも書いていて、石橋は吉田に対して権力闘争を挑んでいることを明かしている。

石橋の説いた反吉田運動は、単に自らを公職追放に追いやったことへの屈辱を晴らすだけではなく、自らが権力を獲得するためにもっとも有効な手段になることを自覚していたからともいえた。こうなってきて初めて、石橋からは緒方への反撥《はんぱつ》を通して積極的に吉田陣営に戦いを挑んでいく構図が窺《うかが》えるようになった。なにより自由党内では、吉田が自らの後継者に緒方を想定していることが明らかになってくると、石橋は吉田・緒方ラインを屈伏させるために自由党内部に身を置いているかのようにふるまった。これは石橋の戦略としてはかなり露骨《ろこつ》だったのである。

石橋の「行動」はしだいに一点に絞られていった。

「日本民主党」誕生

石橋、岸、芦田の三人は、十一月の臨時国会までに新党を結成することを明らかにした。これが九月のことだった。つまり三人はそれぞれの政党（自由党や改進党）での立場などを無視して、反吉田の政党をつくることを確認したのである。芦田はいつでも改進党を割ったり、自らも他の保守勢力と結託することをいとわないとの姿勢をより明らかにすることで、石橋との提携を吉田らに見せつけたともいえた。

吉田派の面々は、せっかく復党させたのにいっこうに実のある形にならずにむしろ反吉田の動きが社会に広がることに苛立った。そこで彼らの考えたのは、石橋、岸を孤立させるために芦田と手を組むことであった。吉田は芦田を訪ねて、自分はこの九月に外遊する予定になっているが、この外遊から帰ってきたら引退するつもりだ、その後は適当な人にその地位を譲りたいと説いたようである。当時の新聞記事を丹念に読んでいくとわかるのだが、芦田は吉田の術中に見事にはまったという分析が行われている。

九月十四日の箱根での二人の対談は、反吉田を掲げる新党運動の挫折ともいえた。反吉田と叫び石橋、岸らと新党結成を目ざしていた芦田は、吉田が自分で辞めるならそのときを待てばいいとの方向に傾いたのである。しかし石橋は吉田の言を信用せず、こういう吉田の戦略に振りまわされてはならないと改めて陣営の建て直しを行うことになった。吉田が芦田の説得に成功した日からわずか五日後に、世論を動かすような会談を演出してみせたのであった。

それは「われわれは新党結成をあきらめていない。それは反吉田で統一しての新党である」とその意気ごみを世に知らしめたのであった。

その会談とは、東京・音羽の鳩山一郎《はとやまいちろう》の私邸に、自由党、日本自由党、改進党の指導者格の政治家六人が集まって、「新組織、新指導者、新政策のもとで反吉田政治を進めていく」と強い盟を結んだのであった。その六人とは、石橋のほかに鳩山一郎、重光葵《しげみつまもる》、岸信介、松村謙三《まつむらけんぞう》、三木武吉であった。重光、松村らの改進党の政治家たちも「反吉田」の旗のもとでは、重光を

1954年9月19日、反吉田茂の新党結成に向けて東京・音羽の鳩山邸に集まった自由党と改進党の面々。左から石橋湛山、鳩山一郎、岸信介、三木武吉、重光葵、松村謙三。共同通信

新党の総裁に譲るという方針であったが、それを捨て、鳩山政権をつくることで意思統一を行ったのである。

このような対立の構図を見ていくと、日本の保守政治はこの段階ではまだ戦前タイプの政治家たちの時代だったことがわかる。しかし政治家であったにせよ、官僚であったにせよ、石橋のように言論人であったとしても、たった一点「反軍部」という共通の絆があった。この絆はむろん吉田の側にもあり、吉田や副総理の緒方竹虎もまた反軍部では、鳩山派に負けないほどの潔癖さがあった。したがって昭和二十年代の政党、あるいは派閥の対立は〈反軍部、西側陣営、憲法観〉などの三つの政策面でのそれぞれの経歴からくる相克であるにせよ、そこには幾

つかの共通点があったのである。

こういう対立の中で、石橋が誰にも負けずにもっている特徴があった。それがこの三つの政策面ではもっともバランスのとれた側に立つことであった。反軍部の感情では誰にも負けず、東西冷戦のもと西側陣営に立つことにしても頑強な反共路線とは一線を引き、対ソ、対中外交、そしてその核は経済面に力点を置くにしても、吉田の説く反共路線とは若干性格を異にして広がりをもつという意味をもった。加えて憲法改正にしても、とにかく最小限度の専守防衛を軸にして再軍備に徹するべきだというのが、石橋の考えであり、これはいわば良識的な見解として国民の理解を得ることができた。

こうして自由党内の反吉田派、さらには日本自由党や改進党内の反吉田派は昭和二十九年九月には相応の広がりを見せたのである。こういう反吉田で覆われた政局の中で、吉田自身は九月二十六日から側近をつれて、カナダ、フランス、西ドイツ、イタリア、イギリス、バチカン、アメリカといった欧米主要国を訪ねて、西側陣営の有力国であることを国民に意識させようと考えた。その大国意識をくすぐろうと試みたのである。この欧米訪問は一カ月余も続くのだが、いわば吉田としては政治休戦の意味をもたせていた。反吉田の熱を冷まし、そして堂々と帰国する旨、国民にも明らかにしていた。

しかし吉田は海外での日本人記者の活動をあまりにも軽く見ていた。十月中旬にパリから届いた記者会見の内容が極端なほど非人間的であった。自分の後継者はなかなかいないと思うと言いながら、鳩山の健康状態では後任は譲れない、とても後継者などにはふさわしくない、だから譲らない、帰国したら解散する、ときわめて挑発的な見解を披瀝した。このパリ発言は国内にあって反吉田の保守合同を目ざすグループ、新党構想を意図している強硬派には渡りに舟であった。とくに河野や松村はそくざに新党を結成すべきだとさわいだ。

しかも内々に吉田が、自分の後継者は緒方だけでなく、池田勇人や佐藤栄作もその候補だと洩らしていると伝えたのである。

こういう情報によって新党準備会は、吉田を辞めさせるだけでなく、鳩山内閣樹立の気運を高めた。石橋や河野はとくに怒りを強めこの準備会をより一層堅固なものにしていくことになった。九月二十一日には新党結成準備会が旗揚げしたが、リーダー格でもある岸信介が五人の代表委員を決めたいと提議して、金光庸夫《かねみつつねお》、岸信介、石橋湛山、芦田均、鳩山一郎の名を挙げた。いずれも反吉田の中軸メンバーであった。ところがこれに対して吉田を支持する面々は、こんな決議は無効であるとの発表を行った。とはいえこの新党準備会は、反吉田の方向でまとまって新党を結成するとの公然とした動きの序幕となったのである。自由党内では吉田支持派が主導権をもっているために、岸や石橋を除名しろの声が大きくなり、幹事長の池田勇人はその声に押され除名の通知を行っている（十一月八日）。

この除名は、石橋にとって想定外だったように思われる。自由党内の吉田支持派の勢力を確かめることはできても、石橋の戦略は一歩後退という形になった。

このころの自由党内部では、まだ吉田支持派の主流派が大勢をにぎっていて、鳩山をかつぐ代議士との間には怨念《おんねん》をかけた主導権争いを続けている。しかし石橋と岸を除名したことは、それまで吉田派との間に妥協点を見いだそうとしていた芦田や彼を支援しているグループと袂《たもと》を分《わ》かつことになった。吉田派は明らかに戦略的には失敗したのである。石橋、岸の除名後は、一層新党設立は着実に進んでいき、十一月十二日には五人の衆参両院議員が自由党を脱党して、新党である日本民主党に入党している。吉田の後継者に鳩山をかつぐ面々が新たに政党を誕生させたのであった。そして十一月二十四日に日比谷公会堂で結党式が開かれた。

1954年11月8日、岸信介、石橋湛山両氏の自由党除名を発表する池田幹事長(右)。共同通信

石橋にとってこの結党式は当面の自らの戦略が成功したことを物語っている。自由党の池田幹事長から党議を無視しているとして二度目の除名をされたのは、まさに自らにとって重要な勲章だと受け止めたのだ。石橋が自らの政治生命を反吉田に徹

1954年11月24日、新党結党大会で改進党と日本自由党が合同し日本民主党を結成。挨拶する鳩山一郎総裁。共同通信

するというのはむろん怨念もあっただろうが、もう一面では吉田の経済政策が対米依存を抜けきれないでいることに不満でもあったからだ。本来、自由主義経済を信奉している吉田ならば、さらに企業活動の自由かつ企業の活力を生かす政策がとられてしかるべきなのに、その点がまったく欠けているのは何ともがまんがならなかったのだ。

そのためには鳩山内閣で大蔵大臣に座り、まさに石橋財政を行ってみたいというのがこのころの念願になっていた。鳩山内閣の実現は政治家としての当然の望みでもあり、それに向けての戦略を練った。

日本民主党は衆議院百二十一人、参議院は十八人であり、大幅に脱党組をだした自由党に迫る大政党にもなった。ちなみにこの政党では石橋は最高委員三人のうちの一人に選ばれた。他の二人は芦田均、大麻唯男《おおあさただお》であった。総裁は鳩山一郎、副総裁は重光葵、幹事長は岸信介であった。

日本民主党が国民に受けいれられたのは、自由党が吉田茂のもと六年余の支配体制を続けているためでもあったが、実際には自由党議員でさえも反吉田の考えをもっている者は少なくないことを意味していた。なにしろ長期政権に伴う活力のなさが人気のない原因との指摘も多かった。石橋が描いていた戦略はこうしてひとまず形をつくったのである。

潔くない引き際

吉田は七カ国訪問から帰ってきて、自らを取り巻く環境がことのほか厳しいことに驚いた。新党の幹部たち、たとえば重光葵は、鳩山に対して「吉田首相は謀略を行う恐れがあるから充分気をつけてもらいたい」と注文をつけ、鳩山の人のいいのにつけこんで吉田にまたうまく取りこまれることのないようにと、釘をさしている。吉田は実際に、この苦境を打開するために、なにがしかの姑息な手を打つのではないかとの懸念があり、その点では石橋もまた警戒を怠《おこた》らなかった。

石橋にすれば、GHQから公職追放の指定を受けた折りの吉田の「飼い犬に手をかまれたと思ってがまんせよ」との言を忘れてはいない。一方で吉田の側はかつて石橋を大蔵大臣に据《す》えてみたところ、このエコノミストはGHQとも対立を辞さないという点で、国民的人気を集めたとの恐れに囚われていた。このころには石橋は意図的に公職追放になったとの見方も政界では常識となっていた。そのことを石橋も否定しなかった。

重光の予告どおりというべきだが、吉田は五十三日間の外遊期間を終えて羽田に戻った日（十一月十七日）から十二月七日に内閣不信任案がだされて総辞職するまでの三週間ほどの間に四段階の延命策を施した。つまり吉田としては辞める意思がない段階から辞職を決意するまでの間、複雑な策を弄したといっていいだろう。もし石橋にそのような巧妙で狡猾《こうかつ》ともいうべき性格があったなら、もっと激しい権力闘争が演じられたであろう。

この四段階とは、私の見るところまず帰国した日に、空港で発表した声明文であった。自由主義陣営の一員として今後も主要国との協調を続けるといい、どの先進国も戦争の被害から起ちあがるために国民一致となっていると説いた。政争など不謹慎だというのであった。帰国した日の夜、緒方と会見して、吉田のほうから自由党幹部の総意は、吉田が適当な時期に引退してその後は緒方が望ましいとの案がでていると告げた。とにかく緒方とか池田、佐藤の名をだすことによって反吉田の潮流を牽制しようとの計算である。第三は、鳩山ら三十七人が脱党し民主党を結成した日、吉田は大野《おおの》伴睦《ばんぼく》に声明を託している。その声明を公表するのが第四の方法であった。

公表することによって、自由党の中間分子を自らの側に引き寄せようと考えていたのである。政争どころではなく、「わが民主政治、政党政治確立のためわが自由党としてはこの際いかに善処すべきか」を党員自らが考えていかなければならないと格調の高さを訴えていた。これは吉田に近い議員に踏み絵を迫るものだった。内閣打倒になぞ熱心になっている時間があるのか、といった恫喝《どうかつ》をも意味していた。吉田としては懸命に自由党の代議士たちをなだめていたのであった。

しかし第二十回臨時国会は十一月三十日に召集され、十二月六日には民主党、左派、右派の社会党などの共同提案による吉田内閣不信任案がだされた。もし採決されるなら、その数二百五十二人、自由党は百八十人だから可決は当然のことであった。総辞職はしないと脅したが、それは吉田の空いばりにすぎないと受け止められた。吉田時代は着々と終焉に近づいていたのである。石橋は冷静に事態を見ていた。

十二月六日から七日にかけて、吉田はあらゆる手を用いて延命を図ろうと試みた。自由党の幹部を首相官邸に集めて相談しているが、大半は総辞職を主張した。その後、吉田は目黒の公邸に入り、政局を見つめていた。不信任案の可決、そして総辞職という大方の見方に、吉田は抵抗を続け、最後の説得にやってきた緒方にも解散を強行したいと主張し続けたのである。吉田の忠臣である池田勇人も駆けつけて、総辞職を説いたが、それでも吉田は自説を曲げなかった。「悪い政治家には政治をまかせられない」といい、すぐにでも選挙態勢をとるように命じた。しかし緒方を始め閣僚たちも解散というなら、閣僚として署名しないと意思統一を図っていた。

十二月七日に不信任案が上程される前に、最後に吉田への説得が試みられても吉田は応じず、閣議でも吉田に同調するのはわずか二、三人で、それもほとんど政治力をもたない大臣たちで、背後からは自由党の長老たちに「解散論に与するなら党から除名だ」と脅されていた。吉田は自らを説得する者を罷免だとどなりちらしたが、もう吉田に手を差しのべる者はいなかった。吉田は渋々と総辞職を受けいれたのである。

吉田の引け際を、いささか皮肉じみた筆調で書いたのは、権力の座から離れることはいかに大変か、つまり我欲とどれほど闘うかの例として知っておく必要があるからだ。吉田は確かに六年余の政権担当者ではあったが、その最後はむしろ惨めといっていいほどの引き際であった。石橋はその引け際を見つめていた。このことはのちの石橋の退陣との間にあまりにも大きな開きがあり、そこに見られるのは究極には人間としての資質の問題であることに気づかされるのだ。

石橋を始め保守政治家にとって、吉田のこの引き際は反面教師のようなものだった。これ以来、吉田ほどみっともない辞め方をした政治家はほとんどいないといっていいであろう。

この退陣劇について石橋は、直接に語ってはいない。「『湛山回想』補遺」（『石橋湛山全集』第十五巻に収録）でふれているといっても、吉田退陣からの動きを客観的に描写しているにすぎない。

「十二月七日には吉田内閣が自由党内部の圧倒的意向により総辞職をし、十二月十日私どもの民主党が衆議院における第二党として政権を担当することになり、鳩山総裁が国会で内閣総理大臣に指名されたのである。私が追放解除後、鳩山内閣の誕生を志してより、三年六ヶ月にしてようやくその望みが達せられたのであった」

吉田が退陣を決めた日、自由党から分かれて日本民主党に集まったメンバーのうち、明らかに石橋の輩下《はいか》にあるとわかる政治家の面々が、東洋経済ビルに集まり、石橋を囲んで祝杯をあげた。石田博英は、いずれも反吉田を唱導していただけに、これまでの苦労を語りあってさらに今後の親睦を深めたというのであった。石橋派の誕生につながったのだ。祝杯とともに石橋の好きなすき焼きを囲んで、座はなおのこと盛りあがったと書いている。

不本意な通産大臣就任

昭和二十九年〈一九五四〉十二月九日に、鳩山一郎が衆参の両院で首班に指名された。まさに石橋にとっては、自らの政治家生活の第二の華ともいうべきだった。むろん第一の華とは、第一次吉田内閣で大蔵大臣に就任したとき（昭和二十一年〈一九四六〉五月）であったが、この華は無惨な形で散ることになった。何より吉田という幹と敵対関係になるとは、とうてい考えられもしなかったのである。この第二の華はどうなるか。しかし鳩山内閣では初めから石橋は苦い思いを味わうことになる。鳩山内閣の組閣は日本民主党の最高幹部である鳩山、重光、岸、松村、三木、芦田、それに石橋らによって進められたのだが、ここで意外なことが起こったと、前述の石田はその書の中で書いている。

石橋はもとよりその輩下《はいか》にいる石橋グループの者は、石橋が大蔵大臣になることを疑っていなかった。ところが「岸、三木、河野氏らは、大蔵大臣に一万田尚登《いちまだひさと》日銀総裁を推し、鳩山氏もこれに同調したのである。鳩山内閣成立までの経緯を知る者は、石橋大蔵大臣を信じて疑わなかった。石橋先生自身もそれを当然のことと思ってきたし、鳩山政権を作ってそのもとで蔵相となり、自ら信ずる財政経済政策を実現するためにこそ、鳩山氏に協力し、今日まで奔走して来たのである」と石田は書いているのだが、この思いが裏切られたことに愕然としたというのである。

一万田は吉田内閣の財政政策に深く関わってきた人物であり、あまりにも吉田色が強すぎる。石橋は最高幹部の集まりでこの案に強く反発した。この件について石橋は、なぜ反対したのかを自らの筆で明かしている（『湛山回想』補遺）。それによると石橋は吉田の経済政策が日本復興のためにならないと考えていたからで、デフレ気味の財政政策ではなく、積極政策に打ってでなければとの意見の持ち主が大蔵大臣になるべきだと主張した。一万田では、吉田の財政政策を通じて景気浮揚にもっていくことはできないとも考えていて、それは同志にも共通の意見だったというのであった。

石橋の意見がどうあれ、一万田を大蔵大臣に据えるのは、鳩山内閣が財界とより緊密に手を結び、政党活動への集金を期待したためだとの見方がされていた。

石橋は一万田蔵相に反対し続けたために、幹部会ではまさに孤立の状況に陥った。このために組閣は大幅に遅れた。石橋にすればこれまでの自らの政治活動は、何の意味もないではないかとの怒りもあったと考えられる。しかし結局、石橋は一万田蔵相に納得することになった。渋々という形で折れたのである。

そのかわり自らは入閣しないで党の側から、自らの政策を発表していくことを希望した。たとえていえば一万田とは、閣議の席で同席することはできないとの思いもあったのだろう、この点では石橋は頑強であった。しかし三木武吉が、石橋の書いているところでは涙を流して、「君が入閣を拒否すれば、外部には党の結束が乱れていると受け止められる。これでは何のための反吉田の動きだったのか」と説いたというのである。石橋は、大乗的見地から通産大臣を引き受けることになった。いわば心中には不満を抱えての大臣就任であった。

石橋の第二の華というべき二度目の大臣生活の裏にはこのようなエピソードがあった。このエピソードと比較するには、吉田の退陣を拒むねばり腰とそれを説得する緒方竹虎と同質の構図を浮かべるとわかりやすい。つまり石橋には吉田と同様の頑固さ、それに信念を貫く言動があり、その共通点ゆえに二人の対立は深まったのであろうと考えることができた。同時に石橋の心中には、鳩山内閣とまったく一心同体というわけではなく、内閣との間に埋めがたい溝ができた。石田ら輩下の者から見ても、石橋はこの内閣に一歩距離をおいて冷めた目で見つめることになったというのであった。石橋の戦略は頓挫《とんざ》したのである。

鳩山内閣はむろんこのようなつまずきを表面化することなく、とにかく出立することになった。いわばこの内閣は反吉田の姿勢を明らかにし、鳩山に近い者が集まっての内閣であり、その意味では、吉田政治の見直しを進めるとの強い意思が感じられる布陣であった。

鳩山は自らの内閣は、「民主主義を基調として国民の理解と納得の上に立つ明朗にして清純な政治」を目ざすといい、政策の骨子には、外交政策は吉田時代の秘密外交を排すると謳《うた》い、この段階で閉じた状態になっている共産圏諸国との国交回復を目ざすとも主張した。とくに対ソ外交に新境地を開くというのであった。防衛政策は、「国力に応じた自衛軍備を堅持する」とほぼ吉田内閣に追随するとしたが、憲法問題では改正を明確にはいわないものの、鳩山首相は「第九条の改正は必要である」と発言したように、吉田内閣よりは明確に憲法改正の方向を打ちだした。「政策の重心を、吉田内閣より左寄りの〝対共産圏外交の推進〟と、吉田内閣より右寄りの〝再軍備—憲法改正〟にかけていた」（戸《と》川《がわ》猪《い》佐《さ》武《む》『昭和現代史』）という見方がされた。

1954年12月10日、認証式を終えた鳩山内閣。3列左から2番目が石橋湛山通産大臣。共同通信

　とくに経済政策についての骨格は示されなかったが、これはすぐに一万田路線を打ちださないとの思惑のためであったろう。日本民主党は政権を獲得したといっても、左右社会党が当面協力したのは、早い時期に解散するという条件を、鳩山が受け

いれたからであり、自由党より右寄りの政策は両派社会党の納得を得られるはずがなく、スタート当初からぐらぐらと揺れる状態だったのである。

ところが国民の間に一気に鳩山ブームが起こった。吉田政治に倦《あ》いていたのと強権的な政治姿勢が、国民には嫌われていたのである。実際に鳩山は、勤務中の公務員のゴルフ、麻雀禁止や競輪などの平日開催禁止など国民生活への干渉と思われるほどの通達を流したり、申し合わせを発表した。こういう庶民向けのモラル再構築が、内閣支持率のカーブをあげていくことになった。

加えて鳩山は、開放的な性格でしかも率直なタイプで、もともと国民に人気はあった。公職追放、病いとの闘い、夫人の健気な看護がメディアにしばしば報じられていたために、悲劇の政治家、というイメージができあがっていた。吉田の傲岸不遜《ごうがんふそん》な態度とは一線を引いていたのである。

秘められた思い

昭和三十年（一九五五）一月に鳩山首相によって議会は解散され、総選挙となった。鳩山ブームはこの総選挙の結果にもあらわれることが予想された。不安を抱いた左右両派の社会党は、やはり統一が必要であるとの動きになった。総選挙の結果は、日本民主党が百八十五、自由党が百十二、左派社会党八十九、右派社会党六十七、労農党四、共産党二、諸派二、無所属六となった。民主党は議席数を六十一もふやし、自由党は六十八を失った。自由党はいわば惨敗を喫《きっ》したわけである。この総選挙で注目されたのは、社会党を始めとする革新陣営の議席が三分の一以上を占める結果になり、憲法改正の発議ができなくなったことである。その意味では重大な転機となった。

第二十二回特別国会では、自由党が首相は第一党からということで、鳩山に投票したために、第二次鳩山内閣が誕生することになった。大蔵大臣には一万田尚登が留任、石橋もまた通産大臣への留任が決まった。このときの組閣では、石橋はとくに大蔵大臣を望まず、いわば冷めた目で自らに与えられた役割を受けいれたのである。

鳩山は自らの内閣で、「ソ連との戦争状態を終結するために日本がイニシアティブをとるべき」と対ソ外交への舵とりを進めた。しかし当の外務大臣の重光は、これに慎重論を唱え、いわば二元外交と評される状態になっていく。石橋の財政政策では現実を大胆に変えていく案がとられただろうが、一万田は当面は大きな変化は必要でないとの政策を採用したように、鳩山内閣もその裏側では政策の思惑がからんでの対立の芽を抱えこんでいたのであった。

鳩山内閣は昭和二十九年十二月から三十一年十二月までのほぼ二年間続くのであったが、石橋は通産大臣のポストに座り続けた。この間に石橋自身が記憶に残るとして述懐しているところでは、電源開発総裁問題で、そのポストに座った人物が部下と円滑にゆかないために両者を辞めさせ、総裁に松永安左エ門《まつながやすざえもん》を推す一件があった。本人の諒解も得たが、河野農相らの推す人物と対立することになった。鳩山は一時は、松永案に賛成したものの河野に説得されるとそちらに傾いていく。結局、石橋は松永に詫びをいれ、この鳩山人事を黙視することになったが、河野や鳩山への不満を微妙な形で語っている。

そういう芽がやがて大きな対立に至るであろうことは容易に想像できたのである。

二年間の鳩山外交はしだいに対ソ交渉にのめりこんでいき、この外交政策によって政治的変化が起これば、いちどにその外交政策が崩れてしまうほど微妙な枠組みの中で進んだ。石橋はこの対ソ交渉に基本的には賛成していたので、むしろ側面からの支援を続けた。共産圏貿易に通産大臣として、一定の役割を果たしたが、財政政策についてはまったく口を挟まなかった。日本経済を発展させるためには官僚型の発想で、予算規模を抑えるだけでいいのか、もっと企業の競争力を生かして高度成長型に踏みきっていいのではないか、との案をもっていたが、あえてそのような見解を口にすることはなかった。

石田ら側近にも、石橋はその不満を洩らすことはなかった。しかし長男の湛一《たんいち》には、「ヒラの大臣ではダメだね」と洩らしていたという。首相への道を目ざす意思はまず身内に示すことになった。

あえていえば石橋が、自らが総理大臣にならなければその所信を政策に移すことはできないと決断したのは、鳩山内閣のもとで大蔵大臣のポストに就くことができなかったのが、きっかけになったと言っていいであろう。石橋はこのころから心中では強く総理大臣のポストを意識したとみるべきだろう。

第二次鳩山内閣の通産大臣のポストにあるとはいえ、石橋は保守合同の積極論者であった。吉田が実権を失った自由党は、石橋にとって容易に味方になれる者が指導部に列していた。とくに石橋は緒方と保守合同について、その方向でまとめる路線を考えていたのである。緒方は朝日新聞出身であり、ジャーナリストとしての矜持をもっている点で、石橋とは心が通じ合っていた。二人の間で、自由党、そして日本民主党、さらには日本協同党などの保守勢力をいかに結集して、政局を安定させるかを極秘裏に話し合っている節があった。

二人の密談の記録は今のところ見つかっていないので、その内容は窺い知れない面がある。緒方と石橋のうち、初めに吉田に引導を申しわたした緒方が政権を担い、そして石橋に禅譲するという話し合いがあったとも思われるのだが、そのことを裏づける資料はない。

保守合同と五五年体制

鳩山内閣は政権を担っていても、日本民主党自体はきわめて地盤が弱かった。そこで民主党の総務会長である三木武吉は、自由党との合同が望ましい、そのことによって政局の安定を図るべき、としばしば発言した。この発言について緒方は、それに呼応する談話を発表している。しかし民主党内部の旧改進党系は自由党との合同に反対、自由党内部でも吉田に直結する人びとは反対であった。

三木と緒方は、実は河野一郎や石橋を通じて内々に調整しての発言だったのである。三木は自らの説を自由党内で反三木の先頭に立っている総務会長の大野伴睦に伝えるが、大野は相手にしない。しかし三木は大野と会う段どりをつけると、「自分は吉田を倒すためにはあらゆることをやった。いま吉田はいない。私は保守結集のみが悲願だ。今は病の身だが、余命も限られている。君を罵倒したのも再三再四だった。しかし保守結集のために合同すべきときではないか」と頭を下げたという。戦前から義理人情で生きてきた二人の政治家である。大野は三木の申し出を受けいれた。そして自由党を緒方と石井光次郎《いしいみつじろう》幹事長の三人で、保守合同の方向へ向きを変えた。

一方で民主党は三木や河野、それに石橋らは合同を目ざすのだが、重光外相、大麻唯男《おおあさただお》国務相などが反対の中心人物となった。両派の対立にゲタを預けられた鳩山首相は、自分はどうしていいかわからない、閣内が不統一では政権は担当できない、と言いだした。まさに混乱の状態であった。

こういう混乱とは別に鳩山内閣は、対ソ交渉は進めていたのである。

しかし合同賛成派は外交よりも保守合同に熱心で、内々にそのプロセスを確かめていった。問題は総裁を誰にするかであった。結局、三木、岸、それに大野、石井の四者会談は、第二次鳩山内閣はそのままにして、翌三十一年（一九五六）春に総裁公選を行うといった二本柱で保守合同の方向がまとまった。この案には含みがあった。鳩山を首相にしておき、総裁公選の折りには出馬しない。かわって緒方が立候補して当選し就任する方向でという意思を含んでいた。

こうして昭和三十年（一九五五）十一月十五日に自由党と民主党の結党式をあげた。

代行委員は鳩山、緒方、三木、大野、幹事長は岸、総務会長は石井光次郎、政調会長は水田《みずた》三喜男《みきお》となった。衆議院は二百九十九人、参議院は百十八人である。鳩山内閣は十一月二十二日に召集された第二十三回臨時議会の前日にいちど総辞職をし、二十二日に首班指名を行って、第三次鳩山内閣が発足した。閣僚も大体が留任であったが、大蔵大臣は一万田が、通産相は石橋がそのまま留任している。

1955年11月15日、日本民主党と自由党の結党式。共同通信

一方で社会党もこの年は左右両社会党の統一をめぐっての話し合いが進み、双方に反対の声があるものの十月十三日に統一大会を開いていた。鈴木《すずき》茂《も》三郎《さぶろう》委員長、浅沼稲次郎《あさぬまいねじろう》書記長で、顧問には河上《かわかみ》丈太郎《じょうたろう》が就任している。

昭和三十年の社会党の統一と自由党、日本民主党の合同は、いわば二大政党の対立時代となり「五五年体制」と評された。もっとも社会党勢力は「二大」というにはおこがましく、「一・五大」というのが実態であった。それでもこの二大政党対立による五五年体制は、それから三十八年間続くことになった。平成五年（一九九三）八月に自民党の宮沢喜一《みやざわきいち》内閣が退陣して、非自民八党派を足場にした細川護熙《ほそかわもりひろ》内閣が誕生するまで続いた。

いわば日本の議会政治は二十世紀末には、非自民政権の誕生によっていちどは解体されたのだが、しかしその後の期間もやはり保守党内閣が政局を握ることが多かったのである。

いわば石橋が首相を目ざしたころは、日本の議会政治がまさに新しい時代を迎えるときといってよかった。石橋はこの保守合同後の保守の側の初めての総理大臣となり、戦後の議会政治を語るうえで、石橋の存在はきわめて重いという言い方もできることになる。

この保守合同へのプロセスで、実は石橋は意外な役割を果たしていた。というのは民主党内の合同消極派を積極的に説得していたのだ。とくに松村謙三、三木武夫を石橋は諄々《じゅんじゅん》と説いている。二人は石橋の説得をいれて、合同にうなずいている。石橋は政局を安定させて、自らの経済政策を進めたいというのが念願であることが、石橋を支持する政治家たちにはよく理解されたのであった。

保守合同が成ったあと、石橋は石田博英に、「これで経済発展の土俵ができた。あとは政府の財政政策の転換にかかっている」と洩らした。石橋が密かに描いている戦略は、こうして側近の者には少しずつ知られていった。石橋の心中に、保守合同は自らが登場するのにまたとないチャンスと映ったのである。あえていうなら、石橋は政権を獲得するためのエネルギーを昭和三十年、三十一年としだいに燃やしていったのである。自らの政治家生活のクライマックスをこの二年に置いていた。

石橋は「『湛山回想』補遺」の中で、総裁選の折りに立候補するつもりはなかったが、「私をかついでくれる人々が同志獲得にほんそうしていることは知っていた」と書いている。それは必ずしも本心とはいえない。多くの客観的な史料や石橋が側近らに洩らしている言辞を積み重ねていくと、そこにはすさまじい政権意欲が浮かびあがってくる。

このことは、石橋が第三次鳩山内閣のもとでは幾分浮いた存在になっているという意味でもあった。鳩山内閣はむしろ三木武吉や河野一郎らによって動かされていた。

次のようなエピソードがあった。実際に昭和三十一年一月二十五日に再開された第二十四回通常国会は、保守と革新の二大政党による初めての議会であったが、自民党はすさまじいほどの国権的な法案を次々に提案している。憲法改正を企図しての憲法調査会法案、国防会議法案、小選挙区法案、教育委員会法改正法案など次から次へと提案して、数の力で議会を通そうとしていた。むろん社会党を始めとする野党は抵抗を続ける。とくに小選挙区法案は二大政党の確立のためという理由を挙げていたが、実際には憲法改正の発議ができる三分の二の保守系議席を目ざしての党利党略の選挙区改正であった。

ハトマンダーなどと揶揄されながら、鳩山内閣はこの法案を通そうとした。旧改進党系の政治家の中には、こんな政策を続けていたら国民の信を失うと忠告する者まであった。すると鳩山は、「ボクも同感だが、三木君が強硬なんでね」と答えたとの報道もされていた。実際、自民党の中には保守合同は失敗だったとの反省の弁を洩らす者もいた。

さらに教科書法案や教育委員会法改正法案は、日教組の教育が左傾化しているとの理由で、その手直しのためにと提出された法案であった。「うれうべき教科書」という日教組攻撃のためのパンフレットが発行されているが、教科書法案などはその対策のための法律ということもできた。

こういう幾分保守的な政策に対して、国民の間には「いつか来た道」を再び歩むことになるのではないかとの懸念が生まれた。そのことは現実に自民党を動かしている人脈のあまりにも右寄りな路線に国民が反感をもつことを意味していた。石橋はこういう路線に対してきわめて消極的で、正面から反対はしなかったにせよ、三木や岸、河野らの党運営に距離を置いたのである。そのことは結果的に石橋の存在を際立たせることにつながった。

かつて同志として反吉田色を鮮明にし、共に闘った三木や河野と距離を置くようになったのは、戦前、戦時下のリベラルを信条とした言論人は、このような保守政治に内心に不快感があったからだが、心を許した同志の前では本音を隠さなかった。石田の書からの引用になるのだが、「時節を待ちましょう。必ず先生の抱負経綸を実行できる時がきます」と決まり文句を吐いて、石橋を励ましたという。石橋は、鳩山内閣のもとで政治家としてはまったく影の薄い存在であったが、それはこのような理由によったと考えるべきであろう。

そのことは石橋にとって、保守合同そのものが歓迎することであったにせよ、数を頼んで大日本帝国型に復帰するような政策には、まったく納得がいかなかった。換言すれば雌伏の期間として耐えていたということになろうか。

昭和三十一年一月に緒方が急死したことにより、総裁選の事情は大きく変わった。つまり保守合同のときに、昭和三十一年春（四月ごろ）に総裁選を行うことになっていたが——それは緒方を総裁とする方向を暗黙のうちに指導部の誰もが認めていたことだが、その急死によって政治プログラムは大きく変わることになった。形ばかりの党大会で自民党の初代総裁には、鳩山が座ることになり、政権も引き継いだ。とはいえ四月五日の党大会では、鳩山に反対する旧自由党の池田派などの勢力による白票などを含めて九五票もの反対票があった。意外なほど鳩山批判票は多かったということになる。

日ソ交渉と政局

このためか、鳩山首相は日ソ交渉が決着したら辞職して次期政権に次を託すとその心情を明かした。この年（昭和三十一年〈一九五六〉）に、保守合同後の初の自民党内での総裁選挙が行われることになった。鳩山が辞め、緒方が急死した状況にあって、総裁候補には誰があがるか、自民党の中の派閥の領袖たちの目にも、この年十一月に行われるであろう総裁選挙では、石橋も有力な候補となることは明らかであった。

昭和三十一年下半期の政治状況は自民党の政治家たちにすれば、日本経済も好調だし、派閥争いが激しいわけではなく、いわば政争疲れといった現象も起こしていた。この下半期には、また幾つかの政治上の出来事もあり、それが結果的に石橋を推す声の大きさにつながったのである。七月四日のことだが、三木武吉が肝硬変からくる心臓衰弱で死亡している。鳩山は自らの回顧録に、自分の内閣を支えてくれた三木の死によって、「眼の前が真つ暗になったように感じた」と書いている。近い将来、総理を辞めようと決意したのはこのときからだったというのであった。実は鳩山も三木か河野を、自らの後継者に据えようと考えているのが、石橋やそのグループの者にはわかっていた。その三木の死によって、岸信介が落胆していることが、当時の新聞には報じられていた。

岸はもともと商務省の官僚としての人脈があり、加えて旧民主党系の人びとも押さえていた。資金力もあったためといわれるのだが、しかしその弱点は昭和十六年（一九四一）十二月八日の開戦時に、東條内閣の閣僚として開戦詔書に署名したことであった。このことは石田もその書で書いているのだが、岸を推す政治家の中にも少なからずの葛藤があるようだったというのである。戦争が終わって十年の期間を経たのだが、戦争の傷が癒えたとはいえない今、岸のこの前歴はプラスになるとはいえなかった。

昭和三十一年に始められた日ソ交渉は、あまりにも多くの懸案事項があり、ゆきつ戻りつしながら、それでもそれぞれの主張をだしあってひとつずつ問題が処理されていった。八月に行われた重光外相とシェピーロフ外相との会談では、領土問題がだされ、平和条約を結んだ折りに歯舞《はぼまい》、色丹《しこたん》を日本に引きわたす、あるいは国境線を根室海峡、野付水道を結ぶ中央線とするといった案がシェピーロフからだされた。これに対して重光は、択捉《えとろふ》、国後《くなしり》を含めて四島が日本の領土と提案し、譲らなかった。

双方が互いに強硬論を口にするのには、それだけの理由があったのだが、ソ連側は重光はその意見をくり返すだけで妥結の意思がないと見ていた。しかし重光はとにかく強硬論をくり返し、その後に落とし所を見つければ、日本国内の世論は一定のところに落ち着きを見せるはずと考えていた。日本国内には反ソ連の空気があり、それが重光の心理的負担となっていたのである。

ただ重光は、何らかの形での妥協線は考えていた。もとよりそうしたことは、鳩山内閣にあっても、充分に論議されているわけではなかった。

日ソ交渉は鳩山自身の政治的解決を目ざす課題である。鳩山は、何らかの形で解決策を見いだしたときに、首相を退くとの立場であり、それは党内の次期候補者たちからも諒解されていた。緒方竹虎や三木武吉が急死の状態で次期候補者がいなくなった政界は、重しの役を果たす者が不在になり、群雄割拠の時代に入っているとされた。

日ソ交渉は単に外交上の懸案事項というだけではなく、自民党の後継者争いにも影を落としてきたのである。

モスクワで続いていた日ソ交渉は、つまるところ暗礁《あんしょう》にのりあげる状態になった。鳩山はこうなったら自らがモスクワを訪れ、そこで直接交渉を行うことを決めた。それは昭和三十一年八月十日で、鳩山は軽井沢の避暑地に幹事長の岸信介、総務会長の石井光次郎、大野伴睦、農林大臣の河野一郎、そして石橋の五人を呼んで、この交渉を終えて引退したいと正式に伝えている。すると河野は次のように言ったという。

「次期総裁候補は岸、石井、石橋、大野氏だと思うが……」

そして四人の顔を見回した。「大野だけは言下に、『わしァそんな気はない。』と否定したが、あとの三人は否定しなかった」と書く書もある（戸川猪佐武『昭和現代史』）。少なくとも当時の雰囲気では、石橋もまた有力な候補者の一人であった。あえていうとこのときが、次期総裁選のスタートであり、実際にこの場にいた三人は総裁選に立候補することになったのである。

昭和三十一年八月からは日ソ交渉の妥結がそのまま次期総裁選につながることになったのだが、この構図はきわめてわかりやすかった。党内事情をにらみあわせながら、日ソ交渉は続くことになったからだ。新聞は総裁選について報じるようになり、この段階では党内の多数派の支持を集めつつある幹事長の岸が有力だとされた。保守色の強い法案の提出に積極的な岸に、しかし党内には反発の声が高かったのも事実であった。

大逆転の可能性

岸に対抗するのは石橋よりも石井であるとされた。石井はやはり朝日新聞社の記者出身で、緒方の直系でもあった。自民党の保守本流につながるとみられていたからである。三人の中でもっとも劣勢とされたのは石橋であった。通産大臣としての発言も少なく印象が薄くなっていたのと、通産行政に携わっているだけで、その枠から出ようとしなかったために、不利だとされたのである。

この不利な情勢のもとで、石橋の支持者たちは党内での説得活動を始めた。このころの石橋派は、石田のほかに島村一郎《しまむらいちろう》、佐々木秀世《さ さ き ひでよ》などの側近数人で、そのほかには旧鳩山派に属していたが、派閥を動かしている河野と衝突することの多かった大久保留次郎《おおくぼとめじろう》、加藤常太郎《かとうつねたろう》らだったという。石田によると、その数は二十人足らずでとても勝負にならないというのが初期の見通しだったというのである。とはいえ党内には岸や石井に与したくはないとのグループもあった。側近の石田の見通しは次のようになっていた。

「まず支援を申し出てくれたのが、三木武夫氏を中心とする旧改進党系のグループ。三木氏とは、私が早稲田の学生時代に彼の初選挙の応援に行って以来の仲であった。そして三一年の春、たしか工業倶楽部のパーティで、石井支持派だった池田勇人氏が私に近づき、強く手を握った。そして、『自重しろよ』とささやいてくれた。私はいたく感動するとともに、石橋・石井の連合軍が必ずできると確信した」

石田の目には、党内事情は必ずしも不利ではないとの判断が生まれた。何より彼は保守合同のときに、自民党の内部規約を作成する委員会の委員長を務めたのだが、その折りに総裁選挙には決選投票のシステムを採り入れることにしていた。第一回の投票で過半数を獲得した者がいない場合、上位の一位、二位の二人により決選投票を行うとしたのである。そして衆議院のほかに参議院議員と地方代議員にも一票を与えることにした。むろんこの方式はこの総裁選ですぐに利用できるとは思っていなかったが、この制度を使える事態に至れば石橋が不利だとは思わなかった。

とにかく第二位に入れば、少なくとも二、三位連合戦線を組むことで、有利な状況をつくりだすことが可能だった。

石田のこのような目論見は、党内ではまだ充分に知られてなく、石橋派の内部で密かに語られていた。事態は石橋に微笑む方向に向き始めた。石田を始めとする派閥の面々は、参議院だけでなく、地方代議員の説得に走り回った。

石橋は御輿に乗ったまま、情勢を冷静に見守っていた。それが自らの役割だと割りきっていたのである。

その心中には、首相というポストを得るための戦略が練られていただろうが、それを最終的に詰める段階になっても、政権欲をあからさまにしない、との計算もあったと思われる。あるいは石橋は自らの性格の、強情であり、妥協を許さないことがときにマイナスに転じることを知っていたであろう。

自らに私淑する政治家たちの動きを見つめ続けることは、追放解除後の政治家生活での曲折や挫折を体験した者だけが身につけた忍耐であった。石橋は、「今こそ自らが登場する政局の動き」との確信をもっていたに違いなかった。

第五章　総裁選での勝利。そして挫折

常不軽の行

昭和三十年（一九五五）十一月に保守合同が成って以後、自由民主党は鳩山一郎《はとやまいちろう》首相の日ソ交渉での共同宣言への調印によって、総裁選の号砲が鳴って新たな局面を迎えることになった。もとよりこれ以前に立候補の意思のある岸信介《きしのぶすけ》、石井光次郎《いしいみつじろう》、それに石橋湛山《いしばしたんざん》の陣営は一人でも多くの同志を確保すべく闘いを始めていた。

石橋はこの間のことを、自らは立候補するつもりはなく、同志が動いてくれることを見守りながら、いわばかつがれた御輿に乗っている状態であったという記述を回想録などに綴っている。戦いの場から一歩退いているかのようである。

なぜこのような傍観者のような書き方をするのか、その理由は定かでない。あえて推測しておけば、昭和二十年代の公職追放、その後の期間に『東洋経済新報』などにエッセイ風のコラムを書いていたのだが、もともと選挙運動それ自体には強い抵抗感をもっていたと明かしている。たとえば「常不軽《じょうふきょう》の行《ぎょう》」という一文を書いているが、その中には、「私は、選挙の際、トラックに乗り、あるいは講演会場にゆき、何故コジキのごとく、たれにも、かれにも、頭を下げ、投票を請いあるかねばならぬかと、割り切れぬ思いがした」と正直に書いている。自分は自らの利益のために立候補しているのではない。「国のため、国民のため、実は、わが身を犠牲にささげているのである」。それなのになぜ物乞《ものご》いのような態度をとらなければならないのか。

この疑念をふり払うことができたのは、「法華経の中に説かれている常不軽《じょうふきょう》菩薩《ぼさつ》の物語」を思い起こしてからだと告白する。この菩薩は貧しい一人の僧として描かれているのだが、人の集まる所に赴き、「わたくしは、あえてあなたがたを軽んじません、なぜというに、あなたがたは、まさに仏になる人々であるから」と説く。しかし人びとは何を言うか、この坊主と罵《ののし》り、石を投げつけたりした。それでもこの僧は屈せずに、あなたがたは仏になる人びとであるから、と唱えては礼拝して回ったという。いつのまにかこの僧は常不軽と名づけられるようになった。

すべての人に備わっている仏性の自覚を、この僧は説いていたというのである。

自分が選挙のたびに頭を下げて歩くのは、まさに常不軽の行と同じと悟ったのだ。有権者一人一人の心中にあるこの国をよくしたいという思い、その一票を自覚してもらうためだと考えるに至ったとある。日蓮宗の僧侶の子として生まれ、一時は仏門に入る道を志したがゆえの悟りの気持ちだったというのである。この考えでいくと、石橋があえて立候補したと強調しないのは、自らが常不軽の行を続ける僧であるとすれば、代議士、議員、それに地方代議員などの心中に眠っている選良としての自覚に、自らの気持ちがわかってもらえばおのずとそこに総裁選の道が開けてくるとの信念があったということになるであろうか。

石橋の直弟子ともいうべき石田博英《いしだひろひで》を始め石橋派の面々は、昭和三十一年（一九五六）の十月、十一月は寝食を忘れて全国をとび回った。石田だけではなく、石橋陣営の者は、確かに常不軽のような心境になってそれぞれの胸中に眠っている仏性ならぬ政治的信念に火をつけて歩いたといっていいだろう。

石橋について書かれた評伝や評論、さらには石橋自身の発言や原稿などにふれていくと、ある事実に気がつく。それは奇妙な表現になるが、「単騎出陣型」タイプだという表現が身内からも使われていることである。この語はどういう意味なのか。

政治家に転じた石橋を支えたのは、東洋経済新報社の幹部社員たちであった。石橋と二十年、三十年と苦楽をともにしてきた、いわば仲間である。彼らとは戦時下も同じ志で苦労してきただけに、特別の絆があったともいえる。彼らが秘書のような役割、資金面の管理から、石橋の政治活動を支えた。その一人に宮川三郎《みやがわさぶろう》がいた。この社の経営にあたった三浦銕太郎《みうらてつたろう》が石橋の十年ほど先輩にあたり、石橋にリベラリストの道を示す先達であったとすれば、やはり戦後の一時期経営に携わっている宮川は、政治家としての石橋を支えた裏方でもあった。

その宮川が、石橋を評して次のように語ったという（注・戦後、東洋経済新報社に在社したこともある三鬼陽之助《みきようのすけ》の一文から）。

「彼は根っからの自由人で徒党を組むことを好まず、熟慮断行、単騎出陣型の生れついての大将で、熟考中は努めて他人の意見を聞くが、いったん決定すると、一切を自分の責任でやる。大ぜい兵隊がいても、一緒について来いとはいわない。信長式出陣で、行くほどに人数が加わり、熱田に着くころには二千騎になっていた。それがいわゆる石橋派である」

これは石橋の性格を語る重要な指摘で、石橋は、石田博英や大久保留次郎《おおくぼとめじろう》などの熱心な側近に一切を託していて、それを見ているといった形で派閥を拡大していった。実際に石橋が政権を握るプロセスはそのような指摘どおりに進んでいる。

血みどろの金権選挙

昭和三十一年十月十九日にモスクワのクレムリン宮殿の大理石の間で、フルシチョフ第一書記などソ連政府や党の要人たち、それに日本政府の鳩山首相、河野一郎《こうのいちろう》農相、松本重治《まつもとしげはる》が、宣言と議定書に次々と署名を行った。この宣言と議定書はそれぞれの国での批准を終え、十二月に入って発効することになった。共同宣言では、平和条約発効時に歯舞《はぼまい》、色丹《しこたん》を日本に引きわたす、国後《くなしり》、択捉《えとろふ》については両国間に正常な関係が回復したとき、平和条約の締結に関する交渉の中で継続するとの玉虫色の条文になっていた。鳩山内閣のもとでこの交渉にあたった河野は、血を吐く思いでやっとこの段階にこぎつけたとのちに述懐している。

この平和条約の締結はそれから六十五年を経た今もなされておらず、領土問題は両国間で積み残しになったままである。

この共同宣言締結のあとになるのだが、国際情勢は大きく揺れた。日ソ交渉の影響ではないのはむろんのことだが、十月二十三日にはハンガリーのブダペストで、いわゆるハンガリー動乱が起こり、ソ連軍が武力介入をしたうえでやっと鎮圧された。私はまだ高校生であったが、ハンガリーの地下組織が全世界に向けて、「ソ連の武力介入を批判してほしい。われわれの声に耳を傾けてほしい」と必死に訴えていた声が、当時の電波から波のように浮沈を続けながら聞こえてきたのを覚えている。

もうひとつは、英国、フランスの両軍が、エジプトのスエズ運河封鎖に武力で対抗しようと軍事行動を起こしたのが、十月三十日である。はからずも日ソ交渉はこういう情勢のもとで行われた。結果的に日本にとってはこの共同宣言は多くのプラス面を生んだ。それまで日本を国際連合に加盟させる動議は、常任理事国のソ連が常に拒否権を用いて阻止してきた。この共同宣言によって、ソ連は次の国連安全保障理事会では阻止に動かないことが予想できたのである。実際にソ連は、十二月十二日に開かれた安保理で拒否権を使わずに、日本の国連加盟を認めた。十八日の総会では全会一致で日本の加盟を承認している。

鳩山は日本に帰った翌日、正式に引退を表明した（十一月二日）。それを受けて保守合同が成って初めて自民党内での総裁選が行われることになり、その日は十二月十四日と決まった。それまでの期間が岸信介、石井光次郎、石橋の三者による総裁を目ざす闘いとなった。あらかじめ断っておかなければならないのだが、十一月三日から十二月十四日までの総裁選は、これまでの日本のあらゆる選挙の中でもっとも激しい金権選挙と記憶されていて、事前にポストを約束するなどのあまりにも汚れた選挙と語り継がれている。

したがって本書ではその汚れた選挙を細かく描写するのではなく、当時の新聞がこの一カ月余の間、どのような報道を行ったのか、単騎出陣型の石橋自身はどういう境地でこの選挙を見つめていたかを語っていくことにしたい。当時の新聞は三人の闘いを、「血と泥にまみれた派閥抗争」と評したほどだが、確かにそういう表現はあたっている面もあった。

当時の報道をなぞる形になるのだが、三派がつぎこんだ政治資金は岸派が一億円、石橋派は六千万円、石井派は四千万円だったという。そういうエピソードを紹介している書（たとえば戸川猪佐武《とがわいさむ》『昭和現代史』）には、「石橋派は票集めのために五人の代議士に通産大臣のポスト、八人の代議士に農林大臣のポストを約束し、いわゆる〝空手形〟を発行していた」とも書かれている。むろん岸派、石井派とてそれ以上の空手形を出していたのだから、まさに「血と泥にまみれた」といった状態なのである。

三派はそれぞれ選挙事務所を設けた。岸派は東京・永田町にあるグランド・ホテルであり、石井派は赤坂にあるビルの一角を借りた。石橋派は東京・日比谷にある日活国際会館の九階に事務所をかまえての闘いとなった。参謀たちが終日その事務所に閉じこもって、それぞれ「敵」の事情を分析しての争闘であった。岸派がもっとも多くの票をとるだろうと予想されていた。佐藤栄作や河野一郎らの有力者が岸派の強力な支援者だったからである。石井派と石橋派はとにかく第二位を目ざしていた。そして決選投票になったら、第二位の候補が岸と争うことになるだろうが、三位の候補者の獲得した票を加算すると、必ず勝利を得られると踏んでいたのである。二位と三位の連合が結べるか否かが鍵でもあった。

やはり、石田の書からの引用になるのだが、「ともかくまずは第二位を確保しなくてはならない。多数派工作は日を追って激しさを増した。私は早くから日比谷の日活ホテルの一室に陣取り、作戦本部のようにしていた。とくに参議院対策、地方代議員対策には力を入れた」と書いている。

これは当時の新聞などでも冷やかし気味に書かれているのだが、上野駅や東京駅に出てくる地方代議員を旅館に案内して、大会日まで缶詰にしてしまう接待も行ったと石田は認めている。当時の新聞では「(三派の関係者が)東京駅、上野駅にまで出迎えにいって、ぺこぺことアタマを下げたり」という光景はあたりまえだったというのである。政治家や地方代議員の中には、自らがどの候補者を支持するかを明らかにしないで三派からカネを受けとる者も珍しくなかったというのだから、金権選挙は政治家たちの腐敗の構図をそのまま教えている状態にもなったのである。
あえていえば、石橋は日活国際会館にそれほど顔をださずに、自らの思うがままの日々を送った。といっても通産大臣のポストに座っているのだから、領袖としてそれほど動くわけにはいかなかった。石田に言わせると、「石橋先生は実に悠然と構えておられた」という。「資金面のことは東洋経済の宮川三郎会長に」、そして、作戦面は石田に一任という形をとったというのである。

前述の宮川の記述のように、石橋はその側近たちに支えられての単騎出陣型の闘いだったのである。この選挙運動を見ると、石橋の支持勢力とはどういう人たちか、どんな思想の持ち主なのかは、大体が浮かびあがってくる。

このころの報道を分析すると、石田博英を中心にしての石橋派は二十人ほどのコアになるべき議員で形づくられていた。その周辺に、旧改進党系の三《み》木《き》武夫《たけお》、松村謙三《まつむらけんぞう》、川崎秀二《かわさきひでじ》らが一体となって石橋のために票集めに動いた。岸派の人びととは一線を画すことになったにせよ、緒《お》方《がた》竹虎《たけとら》直系の石井派には、旧吉田派の林　譲治《はやしじょうじ》や益谷秀次《ますたにしゅうじ》らが加わっていたにせよ、新たな人脈を率いる形での池田《いけだ》勇人《はやと》のグループがあった。二、三位連合が政局を担うことになると、この石井派の面々も石橋を支える重要な役割を果たす予定になっていた。財政の専門家である池田は、吉田にかわいがられていたにせよ、石橋の識見や財政政策に信頼を寄せていて、石橋内閣誕生のためには一肌ぬぐ覚悟をもっていたのである。

岸、石橋、石井三派の選挙運動は激しいという表現がふさわしかったのは、いわゆる五五年体制の誕生は確かに保守勢力の一体化に成功したにせよ、その内実はまだ政党としての一体感はなかったからともいえた。これまでの保守勢力の対立は、こんどは一転して党の内部でくり返されることになったにすぎなかった。いわば総選挙では「敵」と「味方」で闘っていたのに、これからは同志として……といってもその心境にはなれなかったといってもいいのではないか。

三派の争いが激しくなるにつれ、それは十二月に入ってからといってもいいのだが、自民党内部の長老たちの間で、せっかく保守勢力を一本化しても、これでは再び分裂状態になってしまう……と案じる声が生まれた。朝日新聞の報道によると、長老の名は挙がっていないが、とにかく党内の和を保つために選挙ではなく話し合いをというのが、党内の声だとしながらも事実上、それは無理だと報じられた。党内抗争も激しかったのだ。

政見や政策よりもとにかく多数派獲得のために、三派とも実弾（金銭）がとびかい、ポスト（大臣）をつきつけながら、自派への勧誘を進めている有様であった。

選挙五日前の十二月十日の新聞を見てみると、国会はひと区切りつき今や総裁選の渦中だとあり、石橋はゴルフに行くと称して自宅を出たが、とその動向を報じ、「松野《まつの》鶴平《つるへい》、大野《おおの》伴睦《ばんぼく》の両氏をそれぞれ訪ね、余り下げたことのないという頭をていねいにさげた。そのあと、石橋派の本陣日活ホテルに立寄り、大野派が東京會舘に集って石橋支持を決めたことや、参院の自民党で石橋、石井連合戦線ができそうだという話を聞いて至極満足げな様子であった」と石橋支持が広がりつつあることを確かめている。

三日前の十一日に、自民党の長老が、三人を呼んで帝国ホテルで最後の確認を行っている。三人が話し合って候補者をしぼりこんではどうか、というのだが、しかし三人とも辞退の様子を見せない。公選が行われてもシコリを残さないようにするという点では一致したと報じられた。この段階では岸派は岸が第一位の票を得るだろうが、決選投票が行われる段階になったら、石井派、石橋派からも岸に変える票をふやそうと積極的になっているとも報じる。逆に石井派、石橋派は決選投票になったら、二位の得票者に投票するよう確認をくり返している。

一方でこのころの新聞では、重光葵《しげみつまもる》外相らが国際連合への加盟が確実になったので、その総会に出席するために、随員とともにニューヨークにむかったとのニュースが報じられた（十二月十四日）。国際社会に復帰するニュースが、この総裁選と重なりあって報じられている。日本社会の昭和三十一年十二月は、内外ともに新スタートの時代ということもできた。

投票日前日、あるいは当日の朝刊などでは、三候補の抱負が改めて大きく報じられている。岸は「公選の結果に虚心に従う。とにかく党の結束を固めたい」といい、石井は「保守党始まって以来の選挙で決まる政治ゆえ総裁選が立派にきれいに終わるようにしたい」と話している。では石橋はどのようなことを口にするのか。そのコメントはそれなりに石橋の本音をあらわしているので、そのことを確認するために引用しておこう。

「私を支持してくれる人たちは『反岸』という線で石井派と連携して総裁選挙にあたるべきだ

として両派の話し合いを続けて来たが、幸い両派の連携は成功した。（中略）何れにしても両派できめた候補が当選すると確信している」

と述べた。勝利を確信しているというのであった。三人三様の感想である。さらに石橋は、なぜ総裁選に立ったかを改めて披攊している。

「私が総裁候補に立ったのは、今の党内は派閥争いが激しく、このままでは党は自滅するほかはないような情勢なので、派閥を解消したいと念願したからであって派閥解消には私が最も適任だと自負している。もし新総裁に選ばれれば、従来の混乱がちな国会運営を改善するために社会党と協調関係が保てるようにすること、政策面では日ソ国交回復後の新事態に即して、自主的な立場から日本外交の調整にあたること、健全財政のワク内でできるだけ積極政策をとりたいことなどいろいろある」

新総裁になったら党内の有為な人物を適材適所で優遇していきたいとも話し、自民党を一枚岩の政権政党にしていくことを宣言した形になっている。

石橋は他の二人にはない感想も洩らしている。「社会党と協調関係が保てるようにすること」という点である。社会党もこのときは左右社会党の統一が成って、社会主義を目ざしてという方向を明らかにしていた。社会主義勢力は国際社会では自由主義陣営と二分する形になっているが、しかし前述のように東欧諸国の反ソ活動を武力弾圧するソ連の態度に対して国民世論は必ずしも好意的ではなかった。社会党内部はソ連に傾く一派と社会民主主義勢力、あるいは自由主義に近い穏健《おんけん》な民主主義勢力とその内実は幅広かった。
むろん石橋はこの穏健な民主主義勢力との協調を目ざしていたのである。戦前の価値観に依拠する岸や保守主義の中心勢力たろうとする石井には、決して口にすることのできない見解でもあった。

七票差の劇的勝利

十二月十四日の自民党総裁選挙は、東京・大手町の産経ホールで行われた。第一回投票は岸が二二三票を獲得し、石橋が一五一票、そして石井が一三七票であった。予想どおりの決選投票に入った。そして決選投票は、次のような結果になった。

石橋湛山　　二五八票
岸　信介　　二五一票

石橋が辛うじて七票差で勝った。このときの政治ドラマは、すでに序章でも紹介したとおり

1956年12月14日、第3回自民党大会で岸信介を破り自民党総裁になった石橋湛山(中央)。毎日新聞

だが、石田博英が選挙管理委員の井出《いで》一太郎《いちたろう》の手ににぎられていた八票がまさに逆転の票になることを確かめることでドラマは始まった。石田が書いているのだが、井出の手はブルブルふるえていたというし、石田自身まさに息づまるような心理状態の中にあったというのである。石田のこのときを記述する筆は、まさに人間ドラマそのものである。とにかく総理が誕生する折りの心理的興奮を味わっている様子は、まさに石田の人生の絶頂期だったと思われるほどだ。

　前夜からこの日の朝までに、石井を推す池田勇人、石橋派の石田や三木武夫らは二、三位連合確認のために話し合っていたというし、石橋派の中には旅館、ホテルに宿泊している代議員を夜通し回っている者もあった。

この党大会では鳩山一郎総裁が今日を限りで引退する旨挨拶したのだが、わずか一年であったこの第三次内閣は、とにかく日ソ国交回復という吉田内閣ではとうていできなかったことを実らせたのだから、その点では昭和という政治史の上に重要な足跡を残すことになった。この一事で鳩山は歴史に名を刻むことにはなる。

この党大会を報じる新聞は、三者による総裁選の裏側では実弾とポストがとびかっていたと厳しい筆調だったが、石橋総裁に決定したあとは、岸派や石井派にシコリが残らないようにするといっても、その傷はそれほど簡単には癒えないといった論調に変わった。大会当日、午前十時の開会式までに議員、代議員の五百十七人のほとんどすべてが集まっていた。三派の事前の会合（石橋、石井両派は東京會舘に集まって気勢をあげた）ではどこも同志の集まりなのに、すでに気色ばむ状態だったというほど、仲間どうしの間でも二、三位連合への疑心暗鬼があったというのである。一回目の得票結果に石橋派の面々は笑顔の表情になったというが、二回目の結果が伝えられると会場は一瞬静まりかえった。朝日新聞の十二月十四日の夕刊には次のような見出しが掲げられている。

「笑いが止まらぬ石橋さん」といった大見出しと、「当選へ拍手は半分」、そして「自民党大会複雑な幕切れ」といった見出しで、紙面が構成されている。

石橋派の選挙事務所である日活国際会館や静岡県沼津市にある湛山会の事務所は、「万歳の声」や「割れるようなよろこび」といったタイトルでその興奮ぶりが語られている。各紙の報道は、必ずしも石橋に同情的とはいえず、二、三位連合でしかもわずか七票差であり、四人が投票相手を変えれば逆転していたのである。それだけに必ずしも党内をあげて石橋は選ばれたわけではなく、いわば「次善の策」ではないかといったクールな響きがこもっている報道もあった。

こういうなかで第一次吉田茂内閣で、大蔵大臣を務めた石橋と同僚の農林大臣であった和田《わだ》博雄《ひろお》が、朝日新聞の十二月十五日付一面に「石橋新総裁論」を書いている。「序章」でも紹介したが、この稿はきわめて的を射た内容になっている。石橋はこれまでの保守党の指導者とは人間的に資質の面でもまったく異なると言い、経済、財政の専門家として初めてこのポストに就いたのではないかと讃えている。これまでの指導者は、「金融資本の代弁者」だったのだが、石橋は「産業資本の代弁者」といっていいだろう、とも説くのだ。

和田はこの人物論の中で、たとえば「石橋君はオールド・リベラリストである」とも書き、その説明をしていく。占領軍と真っ向から対立しても身を退かなかったと讃える。

「石橋君は鼻っ柱が強い」

第一次吉田内閣のときには農相の和田の範囲にも口を挟んできて、自説を譲らなかったというのだ。

「石橋君はまた楽天的でもある」

この楽天的性格については次のように書くのだ。

「一方では政治的な見通しが甘くなったり、自分の追放をドタン場まで知らないでいたり、政治上のかけ引きで失敗を重ねたりもしたが、同時に彼の周囲に明るいふんいきをかもしていることも事実だ」

和田は、石橋の総合力を認めたうえで、「ともかく石橋新総裁はかなりの〝可能性〟を秘めた総裁である」と野党の立場で認めている。ただしそうはいっても保守党が今までと同じ型である限り現実は変わらないともいうのである。「保守党の脱皮を忠告する」と和田は激励している。社会党にとっても石橋の立場は理想的な保守型の政治家になりうると自重を促している点に特徴があった。確かにこういう一派との協調はありえたのだ。

結局、石橋に期待されているのは、これまでの官僚タイプの仕事から離れて、より大胆に緻密に、そして自らの得意分野に新風を送りこむことだったのである。

各紙ともアメリカ側の目が、石橋には厳しくなっているといった形での報道が続いた。アメリカとの関係をどのような形にしていくのか、といった質問を記者団から受けたときに石橋は、もともとの持論であるアメリカとの一定の関係は維持しつつも、アメリカ依存ではない外交をといった点を強調している。アメリカ側では、第二次吉田内閣のときにＧＨＱに公然と挑戦した時代を知っている将校、それに国務省の役人なども今は影響力のある地位から身を退いているので、まったく新しい関係を築くことになるであろうとの見方が定着していると、外電は報じている。

もっともアメリカの週刊誌『ニューズウィーク』は、「彼はかつてアメリカの占領軍によって大蔵大臣の地位から追放されたが、この個人的屈辱を決して忘れていないだろう。こうした理由で、日米関係の見直しがあると見てよいだろう」と書いている。石橋の心中を的確に見抜いている報道もあった。

難航した閣僚人事

十二月十四日にとにかく石橋新総裁は誕生したが、二十日に国会で首班指名が終わってから本格的に組閣を進めることになった。石橋はその間、有力者の間を歩いてどのような人材を登用すべきかの意向を固めていった。しかしそのころの新聞報道によるなら、石橋、石井両派の連合と岸・河野の反主流派的な動きとが人事に反映してくることが予想され、自民党はまた派閥抗争が起こりそうな状態とも見られていた。

とくに岸を支援した各派は、岸は入閣すべきでないとの方向を固めたと報じられ、まさにシコリは残る形になった。

閣僚のポストは首相を除くと十六しかない時代であり、石橋派の面々はこの少ないポストにどこの派閥をあてるのか、その点で新たな派閥抗争が起きかねない事態は認めなければならなかった。こうした難問に石橋の政治力がどこまで通用するのか、そのことが問われることにもなったのである。

加えて石橋の経済政策にも新聞各紙の論調は決して甘くはなかった。一例を挙げれば十二月十六日付朝日新聞の社説は、「〝石橋積極政策〟への疑問」というタイトルで、石橋が述べた「いまの日本経済に最も必要なことは雇用の増大にあるのだから、生産を拡大し社会不安をなくそうとする拡大均衡論」そのものが、必ずしも財界の賛成を得られないのは、インフレを伴うことなしにそれが可能なのかという点にあると指摘する。石橋は、私の顔にインフレと書いてあるかのようにいうが、それはまちがいだという。しかしそれが必ずしも誤りとはいえないのではないか、とこの社説は主張している。

石橋の積極政策は、つまるところは公債の発行になるのではないか、それが日銀引き受けになることでインフレ傾向が激化して、国際収支に影響を与えるのではないか、といった論であった。

石橋の説く積極政策は、いわば昭和三十五年（一九六〇）下半期からの池田勇人首相による高度経済成長策の伏線になる政策でもあった。しかしこの段階では公式にはそこまで認められず、石橋理論への疑問という段階にとどまっていた。こういう声を受けて石橋は、自らの内閣では経済閣僚を重視するとの方向を固め、記者団には「石橋内閣の最大の特色は積極的な財政経済政策の展開にあるとの観点から、とくに蔵相には石橋総裁の考えを忠実に実行する党人を起用する」と明かしている。経済財政政策で特徴をだそうとする意気ごみを示していた。

十二月二十八日、既述のように日本は国連総会で国連への加入が認められた。まさに全会一致であった。この加盟が認められたことで、重光外相は記者団の質問に答えている。

「日本は満州事変をきっかけとして国際連盟を脱退して以来不祥事が続き、ついに敗戦の憂目《うきめ》を見た。国際的に孤立することの不幸を日本は身にしみて感じている。満州事変以後の日本の混迷は今日この日をもって終った。これについても国民の努力の結果である。この事実を基礎に謙虚な態度で、過去のあやまちをふり返り、二度と同じ間違いをしないようにしたいものである」

これは外交官であった重光の偽《いつわ》らざる心境のはずで、戦後日本が国際社会に再出発したときの自戒《じかい》となった。同時にこの言は、新たに内閣を組閣する石橋外交にとっての教訓もあった。

こうして十二月二十日の石橋内閣誕生に至った。とはいえこの日の朝まで人事はもめていた。石田によるなら党三役の人事は暗礁《あんしょう》にのりあげる状態で、国会の開会前まで岸派との調整に手間どったという。石田と石橋派を新しく支えている池田勇人が、岸派の川島正次郎《かわしましょうじろう》、永野護《ながのまもる》らと詰めを行っている。三時間半近くの会談で、幹事長は石橋派、総務会長は岸派から、政調会長は石井派からだすことになった。この結果、三木武夫幹事長、砂田重政《すなだしげまさ》総務会長が決定したというのである。

第二十六回通常国会ではまず鳩山首相の辞任を認めたうえで、首班指名選挙が行われ、衆議院では石橋が二九一票、鈴木茂三郎《すずきもさぶろう》が一五〇票となった。

ひとつのエピソードだが、自民党の総裁選挙のあと、石橋は元首相の吉田茂のもとに挨拶に赴いている。このとき吉田は離党していたのだが、国会の首班指名では石橋を支持する旨、明かしている。実際に国会の場では、吉田は石橋に投じた、と石田は自らの書に嬉しそうに書き残している。

石橋は首相官邸に入り、官房長官となった石田は、その石橋を名実ともに支える役を担うことになった。石田が官邸に入っての最初の仕事は、鈴木茂三郎社会党委員長と石橋との対談であった。この席には石田と社会党書記長の浅沼稲次郎《あさぬまいねじろう》が同席している。まずは野党との話し合いで国会運営をこれまでの暴力的な対抗を伴う対立から解放しようとの計算もあったという。次いで石田は、自民党の長老格の十人を自らのもとに招き、閣僚候補を誰にするかの人選を話し合っている。

各有力者の推薦人を合計すると、その数は定員（十六人）の倍以上にもなり、閣僚を決定するまでは、相当の難航が予想される状態になっていた。

石橋は岸と会って入閣を要請している。外務大臣はどうかというのに対し、岸は直接には回答を返さず、自らの派閥から数多く入閣させてほしいと言いだし、石橋も声を強くして、「それはできない」と却下の意思をあらわした。こうした動きを見ると、岸は内心では「石橋に敗れた」ことが相当に屈辱的と受け止めていた節もあった。それを確かめるために、石橋から人事の相談があったときには、かなり注文をつけたようであった。岸自身は次のように述懐している（岸信介、矢次一夫、伊藤隆『岸信介の回想』）。

「（私は石橋さんに）組閣は、本当に党内の結束ということに主眼があるのか、それとも総裁選挙で石橋さんが当選されたことに対して論功行賞という意味があるのかを、はっきりしてもらいたい、とね。で、私に外相就任を求めるのは、全会一致でやっていくという考えに基づくのなら、私を支持した者が約半分あるのだから、その代表ということでお受けしよう。しかし論功行賞だということになれば、私は石橋さんと闘ったのだから、入閣するのはおかしいし、石井さんを副総理にして、私に入閣せよということであれば、党の結束とはいうものの、世間では、あれは論功行賞だと受け取る。だから石井副総理のもとに私が入るわけにはいかん」

岸は挙国一致はタテマエにすぎない、政治的に茶番だと意思表示したことになる。しかし岸も最終的には外相として入閣している。それはなぜなのか。このことについても岸は次のように話している。

「石橋さんとして一番頭にあったのは対米関係だと思う。ところが石橋さんはどちらかというと、ソ連や中国に関係があって、アメリカとの関係はＧＨＱ以来反対してきている。しかし日本としてはあくまでも日米外交の維持が基本だから、私が多く関係があったわけではないにしろ、重光と一緒に訪米したこともあるし、岸を外相にということだったんじゃないかな」

岸は、石橋の対ソ、対中、それにアジアの国々との関係是正にあまりいい感情をもっていない。東條内閣の閣僚として太平洋戦争の責任の一端を担っていたわけだから、大東亜共栄圏に近い戦略の持ち主であり、それがアメリカ通とされていたのかもしれない。アメリカの意図を読みとる力があるだろうとの判断が石橋にとっては魅力だったのかとも考えられる。

しかし岸の見方は必ずしもあたっているとはいえない。石橋は、岸を重用する形になったことに本来は不満であった。のちに明らかになるが、石橋の外交政策はむろん対米重視ではあったにせよ、しかしその構想はより進んでいて、日本が米中ソの三カ国と安全保障条約を個別に結ぶことで、日本を軍事的、政治的には東西冷戦の「中立地帯」にしていこうという構想をもっていた。

石橋は実は、岸外務大臣よりも石井を外務大臣に据えたいと考えていた。のちに石橋が病いで倒れて、次の首相に岸が選ばれ岸内閣が誕生してからの政策に強い不満をもった。その政策が極端なまでにタカ派的な方向に傾いたからである。石橋はそのときに次のような感想を洩らした。これは『湛山座談』からの引用である。

「もしあのときに石井氏が（内閣に）入っておれば、外務大臣にしておけば、岸内閣というものをつくらずにすんだですね。だから、石井氏もそれでほんのわずかなことでもって総理の機会を失ったことになる。（中略）石井という人はそういうところの決断がつかぬですね」

こうした事実について当時、読売新聞の政治記者だった渡邉恒雄《わたなべつねお》は、政治内部を取材する立場で証言している。それがこのころの政治状況を語っていることになるのであろう（『自由思想　150号記念別冊特集　私の知る石橋湛山』に収められている）。

「あのとき大野伴睦と石井光次郎があまりわがまま言わなければ、石橋内閣の形がちょっと違ったと思うんですね。というのは大野が党の副総裁を、石井は内閣の副総理を要求する。ただ他方で、負けても半分の勢力をもった岸の処遇がある。その存在は無視できない。これに対しても、大野、石井は、『岸の入閣は反対だ』という。それで、恐らく石田博英と三木武夫あたりの判断だと思うが、岸を外務大臣として入閣させて、大野も石井もそのまま無役にしちゃった」

新聞記者の問いには、石田と三木が人事を進めたことの弊害が語られていたようだ。現実には、石橋は人事にとくに強く意向を示した節はないのだが、二、三位連合よりも岸を党内の対立勢力に回したくないとの意思があり、たとえ路線は異なっても石田、三木主導の人事に従ったということだろう。しかしのちにそれは誤りではなかったか、と考えるに至ったのである。

閣僚人事の選考は、岸が外相、池田勇人が蔵相、石井光次郎は通産相と次々と決まった。この名簿は石田の著作の中でも紹介されているので確認することができるのだが、ともかくこの名簿にもとづいて各大臣候補を首相官邸に呼びつけた。するとこの名簿には反対すると岸、石井、そして大野らから次々と自派の候補名を挙げてきて、クレームがついたのである。三木・松村派が三ポストもとっているのはおかしいというのが各派閥からのクレームであった。岸派には参議院を含めて、四ポストをわりあてたが、それもまた多いのではないか、と各派閥から怒りを買うことになった。とにかく各派からあれこれ注文がつけられて、組閣本部はまったく動きがとれなくなった。

そのために組閣本部は、ひとまずその役割を止めてしまった。

石田と池田が揃って各派を口説いて歩いた。そのうちに池田蔵相反対の声まであがってくる始末となった。各派の中に池田の動きがあまりにも要領がよすぎると映ったのである。石橋は「池田おろし」の声がわきあがっていることに激怒した。池田は、石橋の大蔵大臣時代に次官を務めていた。人間的には石橋に畏敬の念を持っている。その半面、吉田内閣の時代には自由党の幹事長として、吉田の命により石橋を除名処分にしたことがある。石橋がそういう池田の立場を理解したのは、その経済理論が自らと一致しているためであった。

石橋は、石田に強い口調で釘をさした。

「池田君の大蔵大臣は断固実現する。場合によって君の官房長官もあきらめるかもしれなくなる……」

池田蔵相を実現するためにはどういう人事案でも受けいれるとの覚悟を決めたのである。各派に対して、「池田は決して譲れない」と声を荒らげる一幕もあり、しだいに容認の声は広まったというのであった。とはいえ石橋は自らの案が通らないことに不満をもち始め、改めて指導力の必要性を感じた。そこで首班指名から三日後の十二月二十三日午前にたった一人だけの任命式を行った。憲政史上では珍しいことだった。このことを朝日新聞は二十三日の夕刊で伝えている。そこには次のようにあった。

「石橋首相の任命式は二十三日午前十時半、皇居で鳩山前首相、益谷、松野衆参両院議長立会いのもとに行われた。（中略）なお政府は同日昼過ぎ『内閣法十条に基き石橋首相が臨時に各省主務大臣の職務を行う』こと、および同首相を首都圏整備委員会委員長、行政管理庁長官、北海道開発庁長官、自治庁長官、防衛庁長官、経済企画庁長官、科学技術庁長官の事務取扱とする旨を発令し、形式的には石橋内閣は成立した」

このような例は、占領期の片山哲《かたやまてつ》内閣と第二次吉田茂内閣の成立時がそうだったとこの記事は伝えている。しかし占領期以外にはない。石橋内閣の組閣風景は確かに異常だったのである。このころの新聞報道を辿ると、やはり岸派との間でなかなか調整がつかなかったことが原因であった。表面上はシコリが残らないようにと話し合ったにせよ、裏側ではわずか七票で敗れた岸派は、十六の閣僚のうち八はわれわれに渡せと要求するのは当然という態度だったのだ。しかし石橋が強くでてリーダーとしての姿勢を打ちだせば、党内は収まることもまたわかった。

戦後史の分かれ目

一人任証式を行った次の日に、石橋のリーダーシップによって、組閣はほぼ完成した。ここで注目すべきは岸は外相として入閣したが、前述のように石井は入閣しなかったことだ。石橋は文相として、副総理格での入閣を要請したにもかかわらず、石井は自らの派の事情を勘案すると入閣できないと断っている。この辞退について、石田はその著（『石橋政権・七十一日』）の中に、さりげなく「石井氏が入閣していれば、その後の政局も異った道をたどったはずである。岸、石井両氏の運命の分れ道であった」と書いている。石橋の述懐と同じである。

石橋の言うように、もし石井が副総理格で入閣していれば、石橋が病いで倒れたあとは、石井が後任を引き継いだであろう。まさに二、三位連合は新たな意味をもって歴史に記録されたことになったのだ。しかしつまりはその役（副総理という役になるのだが）を岸が担うことになって、タナボタ式に首相となったと見てもいいであろう。石井は少なくとも言論人出身として岸とは異なった体質の首相として、昭和三十年代を担ったはずである。まさに岸、石井の政治的運命の分かれ目というだけではなく、国民もまたこのときが戦後史そのものが史実とは異なる歩みをもつ可能性があったとの理解をもつ必要があるように思う。

組閣の裏話として、防衛庁長官に参議院側は太平洋戦争開戦時のアメリカ駐在の大使を務めた野村吉三郎《のむらきちさぶろう》を推してきた。これには石橋も石田も目を丸くした。石田は書いている。

「防衛庁長官候補として参議院が、野村吉三郎元海軍大将を推薦してきたからである。石橋総理も野村氏の人格を高く評価していた。しかし、元海軍大将を起用したのでは、国務大臣は文官に限る、とした憲法条項に抵触する疑いがあった」というので強く反対したという。確かに野村は、海軍出身の駐米大使を務めたことがあるにせよ、結果的には日米開戦の中心人物の役を果たしている。

その評価は人間性に秀でているといっても、海軍軍人であったという経歴は、決してプラスのイメージにはならなかったのである。石橋もそれを受けいれて防衛庁長官は、しばらくは自らが兼ねることになった。このほか郵政大臣、北海道開発庁長官も認証式では石橋が兼ねた。大臣全員が揃っての認証式は、十二月二十三日午後六時すぎから皇居で行われ、石橋内閣は発足した。この内閣発足にあたって、石橋は政府声明を発表している。この声明の全文は新聞報道では以下のようになっている。

「石橋首相は二十三日の初閣議終了後、次のような談話を発表した。

ただいま、組閣を終えここに新しい内閣は発足いたしました。私は忠実に国民の意思を反映する責任政治を実行して、明るい平和で自由な民主日本の建設に身をささげる覚悟であります。

1956年12月23日、石橋内閣認証式後の記念撮影。前列中央が石橋湛山首相。共同通信

そのためにはまず国民の政治に対する信頼感を高めるため綱紀をただし、清純な政治を行い自主独立の精神を高揚したいと存じます。かくしてわれわれ日本国民はおたがいに信じあい創意を発揮するとともに寛容をもって理解と納得の政治を行いたいのであります。経済については国民生活の向上と安定とを目途とし急激なる変化を避けつつ大いに積極政策を断行致すつもりでおります。

外交については、自由主義国家の一員として国際連合にあくまで忠実に協力しつつ自主外交の確立を期し、各国との経済協力を強く推進、とくにアジア・アフリカ等諸国との提携を大いにすすめる方針であります。

以上の他細かいことは逐次発表して国民諸君の御協力を心からお願いいたしたいと存じます」

この記事には、「経済積極策を断行」という大見出し、そして「自主外交を進める」との見出しもあった。

石橋内閣の二本柱は、まさにこの点に尽きた。経済政策では、池田とともに積極策をとり、外交は対米従属外交ではなく、自主外交をというのであったが、それは石橋自身のかねてから考えていた持論でもあった。もっとも自主外交といっても、これまで自由主義国家群の一国として歩んできたのであり、今後もその道は変えない。以前に占領軍と衝突したので、反米主義者といわれたことはあるが、これは誤りで、アメリカとはやはり大いに議論してわかりあったほうがいいとも補足した。しかし向米一辺倒になることはないとも断言している。

これは石橋内閣組閣時のエピソードとして書くよりは、本来ならいわゆる「六〇年安保」騒動の折りに書くべきことかもしれない。しかし石橋内閣が、岸信介にわずか七票差で勝ったことは、歴史的に大きな意味があった。しかもすでに記したように、この勝利は単に自民党の総裁選という以上に、戦後日本の保守勢力の良識が示された選挙と解釈することができた。戦前、戦後の体制を是とするか否か、を測るバロメーターのような役割をもっていたのである。むろん岸は戦前の体制に何らかの反省は示していたであろうが、しかしその体質はどうあれ戦前の官僚タイプであった。

逆に石橋は、一貫して戦前、戦時下に異議申し立てを行ってきた。この芯のある代議士と戦前官僚の代議士を天秤にかけたときに、自民党の代議士や地方の代表者は異議申し立ての代議士にさしあたりはこの国の差配を託したのであった。それは時間が経てば経つほどに、この時代の良識を示したと評されるに違いない。

そういう前提になるのだが、石橋は組閣にあたって、結局第二位となった岸に一定のポストを与えている。これまで記したように連合を組んだ石井光次郎が後継者含みのポストに就いていたなら、石橋退陣後もそれに近い路線にはなりえたであろうが、つまりは岸を優遇せざるを得なかったのが党内の派閥からいっても避けられない事態であった。石橋は、組閣名簿を「ある一人の人」に見せたという。認証式を行うための必要な儀式であった。その時、その人は意外なことを口にした。これは石橋が、昭和三十五年四月二十日に岸信介首相に宛てた私書である。そこに書かれている重要な部分を、長くなるが引用しておかなければならない。

「私はこの際　思い起さざるをえないことがある。去る昭和三十一年の末、私が内閣を組閣した時のことである。その際ある一人の人は私の提出せる閣員名簿をみて、きわめて深刻な表情をして私にこう尋ねられた。自分はこの名簿に対して只一つ尋ねたいことがある、それはどうして岸を外務大臣にしたかということである。彼は先般の戦争に於て責任がある。その重大さは東條以上であると自分は思うと。

私はこの言を聞いて、そのきびしさに驚き且つ恐縮した。それは何を意味するかは知らず、若し旧憲法時代に於て、かかることが起ったとすれば、私は直ちに責を引かねばならなかったであろう。私としてはその際、これに対して百方辞を盡《つく》して諒解を求むるの他はなかった、かの一人の人もその上更に深く追求することはせず、そういうわけなら宜しいがとにかく彼は東條以上の戦争責任者であると繰返して述べられた」

この一事は、石橋は自分の胸にしまっておくつもりであったのだろう。だが石橋退陣後の岸の政治体質に我慢がならない不快さを感じたのであろうか。あなたの政治姿勢は然るべく人からは信用されていない、と苦言を呈さずにいられなかったと推測できる。ある意味で石橋は、岸に対して政治的に対立するのも厭わないと考えたのかもしれない。それほどの重みをもつ内容とも言えた。この四月二十日という日に注目する必要があった。このころは、三井三池炭鉱の解雇をめぐって労使の対立が極点に達していた。さらに日米安保闘争も次第に、議会政治を無視する岸内閣と、しかも衆議院の安保特別委員会では社会党の鋭い質問に政府答弁も曖昧で、国民を不安に追い込んでいた。

岸内閣はとにかく衆議院を通過させなければと焦っていた。そういう焦りが浮きぼりになっていた時期であった。岸内閣の強権的な姿勢に石橋は疑念をもったのであろう。議会政治の状況を見て石橋はもっと与野党で話し合わなければと感じていたようだ。この私信は、昭和天皇の名をだすことなく、「ある一人の人」が心配している旨を伝えたかったのであろう。同時に石橋としては、一生伏せておきたかった事実だろうが、事ここに及んではやむをえないとの覚悟をもったとも解釈できる。

　岸の戦争責任は、東條以上だとの意味は曖昧にしても、天皇とすればこの男に国の行く末を託していいのかとの思いは予想以上に強かったという意味にもなった。

　石橋はこの手紙をだす前になんどか下書きをしたらしい。その下書きも残っているというし、この原文は東洋経済新報社から石橋の秘書役として政務にたずさわった大原万平のもとに保管されていて、それが最終的には石橋湛山記念財団に寄贈された。書簡のコピーもこの財団には残っているというのである。

　石橋は、安保条約の改定は延期すべきと主張し、その意見を改めて岸首相に提言している。なぜ岸は拙速にこの条約を改定するのか、それは前述したようにこれが不平等条約と思っているためだろう。すでに触れたように外交官だった吉田茂や満州国の革新閣僚だった岸信介は、執政溥儀《ふぎ》に議定書を呑ませている。溥儀にとっては屈辱的な外交文書である。岸は日米安保条約やそれに伴う日米行政協定などは、まさにある国がある国に隷属的な立場を要求する文書だと理解していたのである。その屈辱が、「安保協定を双務的な方向にもっていかなければならない」という台詞の真の意味であった。

　石橋の安保改定延期論ははるかにそういう意識から離れていた。ここにも岸と石橋の体質の違いがあった。その意味では石橋内閣は、水と油が混じり合っている思想のごった煮内閣と評してもよかった。結果論になるのだが、昭和天皇の危惧はあたっていた。岸内閣の政策はかつての大日本帝国型政治のくり返しとなった。まさに天皇はそのことを危惧していたというべきであった。

自主外交と積極経済路線

しかしともかく石橋内閣の発足は、国民には好意的に受け止められた。その理由を考えてみれば、次の三点が挙げられるのではないかと思われる。

第一点は、戦争が終わってから十年余が過ぎたとはいえ、戦時下の匂いが発散される政治家は感情的に嫌われていた時代だが、石橋には軍国主義色がまったくといっていいほどなかった。石橋自身が戦前・戦時下の枠組みの中で、抵抗派に属していたとの報道は、石橋を安心させたのである。岸がことあるごとに東條英機《とうじょうひでき》内閣の戦争政策に加担した閣僚であるとの批判を受けたのと同じように、石橋は終始軍事主導体制に批判を浴びせていたジャーナリストとしてのプラス評価を受けた。

第二は、経済政策では雇用の安定を口にしているにもかかわらず、現実に失業者数が残っているではないかとの批判が、石橋にはこたえていただろうが、それには企業の設備投資をふやして雇用を安定させていくとの案を終始示していた。景気がよくなりそうだという期待感が、そのまま石橋に託された。これも大きい理由であっただろう。

第三に、石橋の発言や言動が、人間的な信頼を獲得したからということができた。官僚出身者にありがちな上からの目線は、石橋にはまったくなかった。官僚たちの自民党役員へのレクチャーに、心あらずといった回答を返さずに常に誠心誠意を尽くしたとの評価は表面にでることはなかったにせよ、石橋を支える原動力であった。

この三点によって石橋は支えられることになった。戦前、戦時下の石橋が生き抜いてきた価値観や生活感は抵抗精神にふさわしいとの判断が国民には広がっていった。

組閣にあたった石田ら参謀たちが不眠不休を続けていたにせよ、そこではなんども意外なニュースにふれたというのである。たとえば組閣本部には、大磯の吉田茂から激励の電報が届いたという。その電文を、石田は紹介しているのだが、「ナニヲグズグズシテイルカ、シタガワヌモノハキッテステロ、ヒヲムナシクスルト、シンヲコクミンニウシナウゾ」といった内容である。吉田に徹底して抵抗したがゆえに、石橋も石田もこの電報は嬉しかったというのだ。吉田にどのような計算があったのかは定かではないが、鳩山が進めた路線に吉田はむろん反対していて、その分だけ石橋のこれからの政治に期待するところがあったのかもしれない。

あるいは吉田なりに、石橋の公職追放に対しての申しわけなさを感じての激励だったのか、その辺りは推測する以外にない。

こうして石橋内閣誕生の表と裏を見ても、そこにあるのは「戦争の影を払拭していく」との強い意思であった。戦前、戦時下に、石橋が貫いてきたリベラルの旗を守る言論人という役割は、戦後の空間の中でどれほどの有効性をもちうるのか、そのことが改めて問われる事態になった。同時に昭和三十一年十二月に石橋内閣が誕生した歴史的意義は、つまるところ東西冷戦下でこの国の進む方向がいかなるべきかという問題をはからずも示していたのである。

石橋は、自らの内閣が果たすべき役割として、「積極的経済政策」と「自主外交」の二つを掲げたことはすでに述べたとおりだが、こうした政治声明のあとに、さらにそれを補充するという形で自主外交の内容を明確にした。中国との外交政策についてもきわめて前向きの意向を明かした。その方針は岸外相も諒解したというが、吉田や鳩山ではなしえない内容であった。

その骨格は「中国との国交回復は、国連及び自由主義国家との調整がついたのちに行う」としたうえで、貿易については拡大し、ココム（対共産圏輸出統制委員会）の緩和を目ざし、さらに貿易増進のために民間の中国貿易関係団体を統合して窓口の一本化を図るなどきわめて具体的であった。

中国との関係改善については、石田によると事前に吉田茂の意見を仰いでいたともいう。石田が書き残しているのだが、吉田の本心は決して向米一辺倒ではなく、中国へも一定の親近感をもっていたというのだ。吉田は石橋の対中政策に関心をもち、「非常に好意的だった」とも書いている。

石橋は首相になって、アメリカ政府の要人と会うこともあったが、そういう折りアメリカ側が防衛費の増額や対共産圏貿易に注文をつけてくることに対し、隠すことなく本音を伝えた。「反共」を口にしてアメリカに媚びを売る親米派とは私は違うのだと伝えたというのだ。石田の書いているところではそこには石橋なりの信念があった。前述の『ニューズウィーク』の指摘はこの意味では確かにあたっていた。

「自由主義者としてアメリカと基本的価値を共有している以上、多少の対立や一時的な意見の不一致があっても言うべきことは言う方が、長い目で見たとき、双方の理解と友好増進につながる」

思想を共有しているといっても、国益の違いはあってあたりまえ、むしろそのほうが友好が深まるとの考え方であった。この思いがアメリカに伝わったか否かは定かでない。何しろ六十五日間の首相在位であり、その間にアメリカ側の反応はなかったからだった。

年が明けて昭和三十二年（一九五七）一月八日に東京で演説会を開いたのを皮切りに、首相として全国遊説を行うことになった。この日に三十二年度の予算編成の方針を明らかにして、それを国民に説明するための全国遊説と名づけたのである。この方針はまず「一千億減税、一千億施策」と呼ぶことにしたのだが、それはこの時期の神武景気を土台にして、国民に減税を約束するとともに、それに見合うだけの積極的財政政策を進めるのを伝えることでもあった。

1957年1月8日、自民党演説会で演説する石橋湛山首相。共同通信

このころ「減税」という言葉自体、一般になじみがなく、いかにも官製用語の感を与えるのであったが、しかし国民にとって減税とは可処分所得の増加を意味するのであり、その分だけ消費をふやすのと同じ意味をもっていることを伝えるつもりだったのである。

この積極財政は鳩山時代の一万田《いちまだ》財政のもとで行われてきた安定成長政策を根本から変える施策だった。この方針の基本的戦略については、次のような自信に満ちた内容でもあった。石橋の説く全文を引用しておきたい。

「戦後十年われわれの努力により、特にここ一両年のわが国経済の発展は目覚ましく、経済自立体制の基盤はようやく確立されたというべきである。この新しい基盤の上に立ち、インフレを防除しつつ、さらに積極的に産業経済の躍進を実現するとともに、国家施策の重点を、国民生活の安定向上と社会的均衡の確保に指向すべきことを基本理念として、昭和三十二年度予算は編成されるべきである」

産業経済の発展とはつまり「完全雇用の達成と生活水準の向上」を目的とする予算の編成方針という意味になる。具体的にはこのころの日本経済は「もはや戦後ではない」と『経済白書』が示しているように、輸出の好調により国際収支は黒字幅が大きくなり、加えて企業の収益があがったために税収入は大幅に伸びた。このような伸びに応じて産業基盤を整備し、企業の資金運用に政府が支援を続けるとの方向を示すべきという考えであった。

ありていに言うとこのころの日本社会の情勢は、石橋が長年説いてきた小日本主義や反帝国主義の国策を追求できる環境にあった。いわば日本経済にもしだいに体力がついてきたのである。そこで石橋は「福祉国家の確立」などを主眼とした「五つの誓い」をたてて、国民に国家目標がどの辺りにあるかを語ることになった。この「五つの誓い」は、明治天皇の「五箇条の御誓文」にならったものだと、本人は語っている。石橋は天皇制についてはあまり語っていない。しかし、明治天皇の「五箇条の御誓文」は、それなりに評価していた節があった。

改めて石橋の天皇観とはどのようなものだったのか、を確認しておくべきであろう。一言で言えば、天皇という制度にきわめて謙虚に向き合ったということになるだろう。この制度について、石橋は戦前の言論活動時代から特にふれては来なかった。あえてふれる必要を認めなかったということになろうか。

したがって石橋の天皇観は、彼の多くの評論を読む側に任されているということになる。読む側に一任されているという意味は、三つの視点が問われるという意味である。その三つとは、あえて箇条書きにするが以下の点である。

一、近代日本の天皇制を容認するが、その大権を付与されていた者の責任を問う。
二、近代日本の天皇制への懐疑をもちつつ、国民の利害と合致するかを尺度にする。
三、近代日本の天皇制下における民主主義体制は可能かを追い求める。

こうした視点が石橋の戦前からの評論や言動を確認するときの必須要件になる。結論をいえば、私は石橋がこの三点を追求したきわめて特異な言論人だったと考えている。あえて結論じみた言い方になるが、石橋の天皇観は、〈近代日本の天皇制を容認し、その大権を付与されている政治、軍事の指導者は、真に大御心に沿うような政治、軍事の政策を進めたか。国民の権利を守る民主主義体制であったか。本来はその追求こそ大御心に沿うのではないのか〉という点に尽きるように私には思えるのであった。

講和条約発効時の『東洋経済新報』（昭和二十七年五月三十一日号）の「時言」に書いた原稿（「日本における革命の可能性」）からの引用になるのだが、石橋は、戦後日本では天皇制について種々の論議があり、「その価値を過小に考える風があるが、私は静かに日本の歴史を省みて、いささか世論の傾向と異なる見解をいだく」と書くのである。これは石橋が自らの立場を鮮明にしたといっていいように思う。石橋なりの天皇観とはどのようなものか。さしあたり敗戦への道と二・二六事件、それに明治維新などを提示しつつ、次のように書いている。

「昭和二十年八月の日本の降伏の時にも、一部の軍人がこれを不満として爆発する危険があった。だが、この時それらの軍人が、かりに事を起したとして、多くの国民がこれに同調したであろうかというに、断じて否。それどころか軍隊さえもが、おそらく付いて行かなかったであろう」（A）

「昭和十一年の二・二六事件は、小規模ながら軍隊が起した騒動であった。しかし、この騒動を指揮した若い将校たちには、自ら政府を乗取って、革命を遂行するほどの意志はなかった。（中略）平常大言壮語せる将軍連にも、その勇気なく、一般国民は、もちろん微動だもしなかった」（B）

「（明治維新は）それまでの日本の実際上の主権者たりし幕府は、錦旗を押し立てた薩長土肥等の連合軍の力に破れて倒れたのである」（C）

といった箇所に天皇観が見えて来る。天皇の存在、そして天皇が国策の重要な節目に示す態度に、国民は納得しているというのが、（A）（B）（C）が言わんとしている主要点である。そのことはこの制度が「悪用された例」もあるという意味にもなる。その例が、昭和六年（一九三一）の満州事変から二十年（一九四五）までの太平洋戦争の終結までを指すというのであった。この間における変化は、石橋によると、「軍部の全体主義革命とでもいうべきものが進行」したと見るのである。この点では、石橋の宿敵となった吉田茂と同じ歴史観を共有している。吉田も、この間を「軍事による変調をきたした時期」というように見ていたからである。天皇を蔑ろにして近代日本史を誤った方向に導いたというのが、吉田の意見には強い。反して石橋は、吉田とは若干のニュアンスの違いがある。つまり前述の三条件のうちの一では共通するものの、石橋は三を企図しているのである。しかし吉田の望む体制は必ずしもそうではない。石橋の国民主体の民主主義ではなかった。

そして石橋のいう民主主義は、戦争後の新憲法によって戦前の軍部が強引に行った「天皇の名による内閣更迭を革命の手段」に供することはできなくなったというのである。昭和十年代に軍部が執拗に行った陸軍大臣を出さないで、気に入らない内閣を倒すというようなことはできないという意味であった。石橋の論理は、大日本帝国憲法と新しい憲法とを比較したうえで、新しい憲法のほうが革命とか維新といった体制変革には歯止めがかかっていると言いたいのであろう。同時に日本社会には天皇の権威を認め、「日本の皇室と国民との結びつき」ができあがっている、という点では石橋は国体擁護の立場であることを隠さない。

それは前述の(A)(B)(C)の記述の中からも明確に窺われるのである。

石橋の天皇観には、戦後に政治家となり、そして首相となる中で事実上は戦後の憲法の「象徴天皇」や「人間天皇」と重なり合う論点が示されている。その意味では新憲法の擁護者ともいうべき立場に立っている。そのためには戦前、戦時下の石橋の論理には天皇がどのように位置づけられているかの確認が必要である。

言うまでもなく石橋の論文や「時言」での論はある一定のバランスの中にあった。明治四十年代から始めた評論活動は、確かにバランスのとれた、しかも政治、軍事の指導者が実際に進める政策について舌鋒鋭く批判するのだが、その根底には天皇やその制度にふれることはなくても主権者の意思に沿っていると思うのか、といった怒りや不満が内在していることは十分に理解できることであった。いささか論を飛躍させることになるかもしれないが、石橋の考える天皇制国家とは、主権者は天皇であるにしても、それは名目的であり、実際には国民主権とほぼ同義だと考えていたと解することができるであろう。

〈天皇イコール国民〉といった図式が成り立つことが、石橋の言論の骨子になっていると私は考える。石橋が言論人として、東洋経済新報社の『東洋時論』に次々と原稿を発表していく明治の終わり、大正の初めのころの内容を見ると、それが前提になって多面的な論が展開されていることがわかってくる。もっともそのことがわかりやすい稿をもとにして、〈天皇イコール国民〉の関係を考察してみたい。

大正元年（一九一二）九月号の『東洋時論』の「評論」に「愚かなるかな神宮建設の議」が参考になる。全体にこのような筆調の原稿は、石橋はめったに書くことがない。それに字数にしてもそれほど多くはない。それだけに興味がもたれるのだ。この原稿の内容は、明治天皇が亡くなって明治は終わったが、それに報いるのに神宮を建立してはどうかという意見があるといい、それに石橋が、「愚かなことを言いなさんな」と論陣を張ったのである。石橋が二十八歳のときの原稿である。こうした内容の原稿には私もあまり目を通したことはない。

表面的に見るなら、明治の日本はミリタリズム全盛の時代だったから帝国主義的発展を遂げたという見方が多い。しかしそうではない、と石橋は説く。

「僕は明治年代をこう見たくない。而してその最大事業は、政治、法律、社会の万般の制度及び思想に、デモクラチックの改革を行ったことに在ると考えたい。軍艦をふやし、師団を増設し、而して幾度かの大戦争をし、版図を拡張したということは、過去五十年の時勢が、日本を駆って已むを得ず採らしめた処の偶然の出来事である、一時的の政策である」

これは重要な指摘であり、本質を突いている。

なぜならこうした隆盛は、時代が変われば意義を失ってしまう。しかしその本質はそういう皮相的な現象とは別のところにあると、石橋は言うのである。明治が後世輝くように評されるとするならば、その本質こそが刮目されるべきだと言うのであった。では本質は何か、となるが、それを以下のように書いている。これも引用したい。

「明治元年に発せられた世に有名な五事の御誓文を初めとして、それ以後明治八年の元老大審両院開設の詔勅、明治十四年の国会開設の詔勅等に於いて、幾たびか繰り返して宣せられた公論政治、衆議政治即ちデモクラシーの大主義は、今後益々その適用の範囲の拡張せられ、その光輝の発揮せらるることありとも、決して時勢の変によってその意義を失ってしまうようなことはない」

それなのに神宮を建立するなどというのは、むしろ先帝の偉業を建物でしかあらわせないということではないか。先帝とその時代を記念するというのなら、先帝の企図した憲政の常道、産業の立国、国民の福利を実らせるのが先ではないか、先帝の遺志を尊重するのが主旨ではないか、と主張している。そしてこれが重要とも思える指摘だが、石橋は、神宮建立を一私人に喩えるならば、親父が死んだからと言っていく日もいく日も家業を休んで、石塔建立を親戚を回って相談しているようなものではないか、と皮肉るのである。

もし何らかの形を残すならば、ノーベルが遺産で設けた賞のようなものがいいではないかと具体的な提言も行っている。神宮の建立より、その精神の完成を説くその立場は、まさに石橋の天皇論の土台であり、そこにしか価値を見いださないとの立場は、すでに言論人としての出発の段階で固まっていたのである。

石橋が軍事主導体制を批判し、政治家の打算政治を批判するといった言論活動は、その初期の天皇観の中でその柱を確立していたのである。天皇の本来的役割は、近代日本の表面上の形にあるのではない、それはまさに「デモクラシーの大主義」の中にあると断言していたといっていいであろう。あえて付言すれば戦前の言論人として、弾圧に耐えながらも個人誌『他山の石』を刊行し続けた桐生《きりゅう》悠々《ゆうゆう》（昭和十六年〈一九四一〉九月に病死）も、その言論活動の根底に「五箇条の御誓文」を据えていた。明治中期に生まれ育った世代の時流への抵抗精神は、図らずも一致していることに、私たちは気がつくべきなのであろう。

石橋の天皇観は、そのまま戦後民主主義下における象徴天皇に通じている。首相としての石橋は、その天皇観を自らの内閣の訴求点としたように思う。首相になってからの全国遊説では、「五箇条の御誓文」にならって「五つの誓い」を国民に説いた理由も改めて理解できてくる。


石橋を語るときに、もう一つ忘れてならないことは、立正大学の学長という教育者の側面である。学長に就任する傍ら自ら教壇に立ち、学生への授業も続けている。学長に就任したのは、昭和二十七年（一九五二）のことであり、いわば日本が国際社会に復帰した年に教育者としての顔ももつことになった。その後、首相在任期を挟んで、昭和四十三年（一九六八）三月まで、実に十六年間、学長であったのだが、折々の学生に向けての挨拶や訓示は、『石橋湛山全集』の第十四巻に収められている。

それを読むと、学生に対してきわめて適切な助言をしていることがわかる。

例えば昭和三十一年（一九五六）四月に入学した新入生に対しての挨拶の中で、自分は政治家の生活を送っているが、これからの日本の再建は人材の養成にあると思うと言って、宗教系の大学らしく、法華経の一節を引いて、「質直にしてこころ柔軟、一心に仏を見たてまつらんと欲して、自ら身命を惜しまず」を語ったあとに、諸君に大切なことは次のような理解だと明かすのである。

「何らかの前提や思想感情に支配される事なく、心をやわらかにして、世の中の物を見、事に当るという事であります」

心をやわらかにしなさい、そうすれば真理を求める熱意は必ず実るであろう、というのが石橋の説いた哲学であった。心をやわらかにするとの意味を盲従と考えてはいけない、やわらかにする事で真の批判精神が生まれるとくり返すのである。大学での第一歩を踏み出した学生には、わかりやすく、そして納得のできる訓示であった。こうした訓示の背景にあるのは、戦争に進んだ軍国日本の道筋に〈心をやわらかにする教育が欠けていた事〉、さらには〈真理の探究を求める精神を軽視した事〉が含まれていたと指摘したかったように思われる。

石橋の戦争責任論は、指導者が悪くて国民には責任がないといったような枠組みを取り払っている。その点に特徴があるのだ。戦後まもなくの日誌に、石橋は書いている。引用しておこう。

「戦時中、子供であったものは別として、その他のもので、今日生存しているものは、たとえ腹では戦争に反対のものであっても、少なくも何がしかの妥協をし、生命を保って来たものと思います。したがって、当時、たまたまその職業が陸海軍の大将であったとかいうようなことのためにその人たちだけに責任を負わせて、われわれには責任がないということは、私としては言い切れない」

むろんこうは言うが、同じ時代に生きたといっても責任の重さは軍部にあることは論を俟たない。大日本帝国憲法の内容にも責任があると匂わせている。このような論を知ると、石橋は戦争責任を曖昧にしているのではと誤解されることにもなりかねない。しかし石橋のこれまでの論をもとに考えると、そして自身の言論を通じての非戦思想を踏まえて考えると、この論は次のように考えられるというべきであろう。

〈人は歴史上では自らの生きた時代に責任を負っている。その時代が気に入らなくても時代を共有した責任がある。しかし同じ時代の枠組みの中では責任には軽重がある。責任の軽い者は重い者を問う義務はある。自らの生きている時代に必要なのは心をやわらかにして真理を探究する精神である。そういう人たちが増える事によって、二度とあのような時代には戻らないのである〉

石橋の若い学徒への言葉には、自らが戦争という時代を生きてきたが、私はその時代を傍観者風に批判はしない、それは私にも責任があるからだとの信念や悔しさが宿っていることに気がつく。心をやわらかくしなさい、との言葉に秘められている石橋の苦衷を感じ取ってほしいとの意味があった、と私には思えてならない。これは首相を辞めて翌年の卒業生に向けての言だが、君たちはまだ若いから甘やかされている、と言ったあとに、「(しかし)甘さには、いつでも、夢がともなっている。夢には、未来がある。現代の日本人に欠けているものは、未来をつくりだす夢ではあるまいか」と励ましている。石橋の学生に与える言葉を仔細に分析していくと、そこには自らの青年時代の挫折や心意気や、そして戦時下に体得した時代との格闘から生みだされた至言が幾つも見えて来る。

石橋は、青年に託すべきものは何か、と問うことで、自らの人生が獲得した歴史の重みを肌で受け止めていたように思える。立正大学でも、石橋の首相就任祝賀会が開かれた。そこでは宗教人としての挨拶を行っている。

「わが日蓮聖人も当時においては随分人々の気に入らん事をいったりやったりして迫害を受けられたようであります。私も日蓮門下の末輩の一人とし、聖人の御精神をついでそれ丈の覚悟を以ってやりたいと考えます」

この祝賀会は、石橋には母校の早稲田大学での祝賀会とは異なった感想をもったのだろう。宗教人としての一面を見せて心を和らげようとしていることがわかる。少年期から仏の世界に身を置いて育ったのだ、との安らぎも得たのであろう。信仰心の強い首相としての一面を見せていたとも言えるであろう。

全国遊説と石橋人気の高まり

石橋は、昭和三十二年（一九五七）に入って全国遊説の旅に出たのだが、そのときはよりわかりやすい表現で、この「五つの誓い」をより具体的に語り、自らの政策の骨子を明らかにした。「国会運営の正常化」「政界、官界の綱紀粛正」「雇用の増大、生産の増加」「福祉国家の建設」「世界平和の確立」。この五つを実行するのが、とりもなおさず民主主義の確立になるというのが、石橋の信念であり、それがどこの演説会場でもくり返す国民への約束ごととなった。むしろここではこのような国民受けするようなスローガンを掲げて全国的なブームの演出を狙ってもいた。

首相になって近日中に衆議院総選挙を行わなければならないので、石橋の側近たちはその選挙演説の意味ももたせていた。石橋はこのとき七十二歳になっていたが、北海道から九州まで、体力を測りながら持論を説き続けた。

鳩山ブームがあったように、石橋ブームの再来を企図したのであった。むろん石橋とてそのような言い方はしなかったのだが、民主政治の守護者になりたいとくり返しつつも、しかし断じて「ごきげんとりの政治」は行わないとも約束した。その言はなんども口にするので、国民にあきられるほどであった。

石橋ブームを企図したこのような戦術は、主に官房長官の石田博英や蔵相の池田勇人、それに幹事長の三木武夫の三人の側近によって考えられたといわれるのだが、彼らはこの石橋政権を長期政権にすることによって、その政策の幅を広げていき、産業経済の隆盛を企図することになった。財政官僚たちは金融面の土台を固めるために安定成長を抜けでるような冒険にはな

1957年1月13日、近鉄上六駅前でオープンカーから手を振って歓迎の人たちに応える石橋湛山首相。共同通信

かなか踏みきることはできなかった。そのため当初は石橋の財政政策には冷ややかであった。

三人のうち誰かが石橋の演説会に随行することになっていた。東京から札幌、大阪、福岡、名古屋を回ったが、いずれの演説会場でも超満員の盛況であった。石橋ブームを予兆させる動きも出てきたが、それはその政策にきわめて関心が深かったからである。石橋も予定された演説会場に次々と足をはこんで、遊説日程をこなしていった。

三木も石田も野党が望むように、早期解散を行って国民の支持を固めたほうがいいかもしれないとの判断を強めた。内閣が成立したころの支持率は、朝日新聞の世論調査では支持が四一%で、不支持が一一%であったが、実際に全国を歩くと支持率は日々あがっていくのではないかと思われたというのである。石田の胸中にも、鳩山ブームといわれた流れと同じような傾向があるとの判断も生まれた。さらに池田はそのダミ声で、国民により具体的に一千億円の減税が庶民一人一人にはどのような形で還元されるのかをわかりやすく説いた。そして最後には必ず、「私はウソを申しません。約束したことは必ず守ります」としめくくった。

池田は、石橋のあとの岸内閣を継いで、昭和三十五年（一九六〇）七月に総理大臣に就任するのだが、そのときは「皆さんの月給を二倍にしてみせます」「私はウソは申しません」といったスローガンで、高度経済成長の牽引役を務めた。この二つのスローガンはまさに高度経済成長を納得させるキーワードであり、実はそれは石橋内閣の蔵相時代にすでに全国遊説の折りに学んでいたといってよかったのだ。

こうして石橋内閣はすべてが順調満帆に見えた。

「『湛山回想』補遺」には、「晴れて総理大臣に」との章が設けられている。昭和三十一年十二月末から翌年一月中旬までは、まったく休む暇もなかった。この補遺の中では、「息つく暇もなく年末は各新聞社、放送局の座談会やら対話会に引張り出され、新年早々から全国遊説に休む間もなく引き回されるのには閉口した。まったく総理大臣とは大変なものだとつくづく思ったのはそのころであったろう」と書いている。周辺の人たちには疲れを見せていなかったが、実際には心身ともに相当に疲弊していたということであろう。

三十二年度予算案の総額が決まるまでには、若干の動きがあったにせよ、食糧管理特別会計の赤字には、消費者米価の値上げによって補填するといった政府与党間の話し合いもまとまり、一兆一千三百七十四億円の予算も決まった。石田や三木、池田らは密かに一月三十日の国会再開、三十一日に施政方針演説、翌日には代表質問、そして選挙に突入というプログラムを考えた。遊説での国民の反応を見る限り、自民党は圧勝するだろうとの予想を立て、そのことにまったく疑いをもたなかった。その自信にもとづいての日程であった。

こうして石橋政権の礎は強固なものになり、その政策もすべて円滑に進むであろうとの予測を立てた。そのプログラムを疑う理由はひとつもなかった。官房長官の石田、幹事長の三木、それに有力閣僚として今や石橋の信任の厚い池田、三者は石橋内閣を動かす三つの車輪であった。まさに石橋は「御輿に乗る人」であった。

しかしこうした状況を見て、石橋はすべて側近まかせだったというのは酷《こく》な見方であった。石橋の仕事の進め方、それに部下の掌握などについては、昭和二十九年（一九五四）十二月十日に通産大臣に就任したときから、三十二年二月二十三日に首相を辞めるまで秘書を務めた高橋淑郎の証言が残っている（『自由思想　150号記念別冊特集　私の知る石橋湛山』に「通産相〜総理秘書官としての二年三カ月」に収録されている）。それを引用する形になるのだが、石橋は通産大臣などの折りにも、選挙演説は辻説法であり、田舎道であっても真正面から財政の難しい話をするのだという。集まる人はそれほど多くなくても、石橋はそんなことはかまわない。「これで大丈夫かな」というタイプの選挙演説だった。

しかし石橋は最高点で当選することが多かった。

石橋は業務上の細部については、大枠を示している限り、次官以下局長などに一任して仕事を進めたという。役所への陳情でも、「無理なことは聞かない」というタイプで、下におろしてくることはなかったというのである。官僚が書いてくる演説や挨拶の原案を、「役人の文章は目玉がない。それにだらだらとして長い」と、すべて自らの文章に直すか、あるいは書き替えてしまった。

一月二十三日に、二日後の外人プレスクラブで行う演説の草稿が、秘書らによってまとめられ、石橋の手元に届けられた。日本語と英語である。この二稿を、石橋は細部にわたって手直しして床に就いている。この日は、早稲田大学での首相就任記念の祝賀会（野外）に出席していたが、寒風の中に立っていて風邪を引くことになる。

前述の高橋秘書官は、石橋の大臣、総理大臣としての姿勢について次のように書いている。

「(石橋は）登庁も几帳面にされていた。日に二度三度来られたこともあるし、土曜日の午後であろうと必ず。要するに省務に関することは大臣室で説明を聞き、各界の人に会い、陳情を受ける。（中略）どこかへ出張や旅行された場合、帰った翌日は必ず登庁されていた」

事務方に迷惑をかけないようにとの心くばりを感じたというのであった。官僚たちの間では、石橋は誠実で指導力のある政治指導者と映っていた。

その石橋が倒れたのは、外人プレスクラブでの講演を前にした一月二十五日、総理に就任してほぼ一カ月後に、石橋は風邪のため病床に伏せることになった。風邪の原因は二日前（二十三日）の早稲田大学で行われた石橋総理就任祝賀会にあった。この祝賀会は野外宴で開かれた。この風邪が引き金になり、やがて肺炎を起こした。そのうえもともと病んでいた三叉《さんさ》神経マヒが起こり、七十二歳の身は政治活動ができなくなっていくのである。

惜しまれるのは、外人プレスクラブでの演説ができなくなったことだった。石橋がまとめた原稿は、外電で流されると注目される内容だったのである。

この演説草稿で、石橋は国際社会に自らは言論人出身であることを明らかにしたうえで、太平洋戦争時の体験を「身の毛のよだつ思い」といった強い表現を用いて、回顧している。その戦争が終わったならば、恒久平和な時代が来ると思っていたのにそうではなかったと述懐する。東西冷戦の時代に入ったことの人類史を気にかけているという意味である。しかも人類社会は自衛の名のもとに、軍備競争に入った状態にあることへの危険性を訴えている。

石橋は、こういう時代に日本が何を為しうるのか、と問うのである。基本的には自由主義陣営の一員としての側にあることは前提であると言って、しかしソ連との関係を強めることも行いうると指摘していく。そのうえで、石橋は、アメリカへの態度について、次のように断言している。

「私は俗に好米一辺倒というがごとき、自主性なき態度をいかなる国に対しても取ることは絶対にいたしません。米国は最近の世界においては自由諸国のリーダーたる位置にあります。また戦後わが国とは最も深い関係にある国です。従って私は米国とは特に緊密の上にも緊密な協調を保って行く覚悟です。だがそのためには、私は米国に向け率直にわが国の要求をぶっつけ、わが国の主張に耳をかしてもらわなければならないと信じます。その結果は、時々主張が一致せず、気まずい思いをお互いにしなければならないことも起るかもしれません。だが、それは緊密を増進する手段としての一時の不一致であることを知ってもらわなければなりません」

引用が長くなったが、これは石橋外交の基本であると内外に宣言したことになる。戦後の吉田茂による対米主軸外交、鳩山一郎によるソ連との国交回復を進めた対共産圏外交、そうした前例に則りながら石橋の自主外交は戦争から十年を経て、この国の外交の軸を明確にしたことになった。この講演の末尾では、あえて青年学徒の将来を考えながら、「重要な政策の一として雇用の増大と生産の増大」を掲げていることも伝えている。これはその後の高度経済成長を匂わせた形になるのだが、国の内外政策の基本線だけは、ひとまず明確にしていたのである。

私は石橋のこのスピーチ原稿が世界に報道されたら、日本を見る目が変わったように思う。特に注目されたであろうと思えるのは、末尾で、「諸君の身体とペンとの健康をお祝いいたします」との一節である。「ペンの健康」という語が、石橋の口から発せられたのは、とりもなおさず言論人の矜持が後輩の言論人に託されることでもあった。

石橋自身から直接に語られるはずであった「幻の演説」は、退陣に至る病いの始まる日の時間の中に閉じ込まれる形になった。惜しまれる一事であった。

あっけない幕切れ

石橋の病いについては、すでに多くの書によってふれられてきた。本書でもそうした記述と重なる形になるが、やはりふれておかなければならない。忠臣であった石田の書（『石橋政権・七十一日』）や医師団の一人であった日野原重明《ひのはらしげあき》の証言がもっとも正確であり、側近としてその病状を見ているのでつまりはそれを参考にすることになる。

早稲田大学出身の首相というだけでなく、私立大学の出身者としても初めての首相誕生だから大学関係者や同窓生にとっては喜びであることに違いなかった。ほかにこの内閣には石田や運輸大臣の宮沢胤勇《みやざわたねお》が早稲田出身なので招かれていた。ガラス戸を開け放した書院での宴だったという。石田が幾分怒りの筆調で書いているのも当然であろう。

「薄曇りでかなり肌寒い日であった。テントの校友はみなオーバーを着ていた。だが書院でお祝いをうける私たちは外套着用というわけにはいかない。私は日頃薄着自慢で、この日も下着はランニングシャツ一枚だったが、さすがに寒くて困った。七十歳をこえた石橋、宮沢のお二人はさぞ寒かったにちがいない。そこに祝辞が延々と続くのである」
午後四時すぎに解散になった。二時間ほどの祝宴だったのである。石橋も相当寒かったのであろう。体調を崩している。二十四日は早朝から予定がつまっていた。ともかく午前中からの日程をこなしたが、午後からは身体を横にして休まなければならなかった。そして二十五日には閣議があり、天皇が日光御用邸にむかうのを見送る予定であった。しかし石橋はこの日起きあがることができず、三叉神経痛で腕も動かない状態となった。やがてこの日は言語も不明瞭になった。

事態は少しずつ悪化していった。

石田の一文を引用する。首相であれば施政方針演説をまとめなければならない。「石橋先生は決して他人の書いた原稿を棒読みにはされない方である。それは言論人としての誇りに基づく。第一次吉田内閣の蔵相の時も一日時間をとって自分で書かれておられた。しかし病気中とあれば仕方がない」。そこで石田や内閣審議官がまとめることになった。石橋の用いる表現を巧みに使って、この施政方針演説はまとめられた。石橋は、至極満足気にこの原稿にうなずいたという（この施政方針演説原稿は巻末に収録）。

政策を訴えたあとに、次世代を担う青年たちに自立の姿勢を求めている。その点が石橋にも気に入ったということであろう。

この施政方針演説は一月三十一日に行われることになっていたが、体調は思わしくなく、石田は野党と折衝して二月四日に延期になった。しかし石橋の健康が回復するとの保証はなかった。石橋の日ごろの健康管理は聖路加国際病院の医師団によったが、一月二十五日の診察の段階で、風邪だけではなく肺炎を起こしていることもわかり、三週間の静養が命じられた。

そこで石橋は、岸外相を首相臨時代理に指名して、四日の施政方針演説は岸が代読してひとまず形をつけた。やはり容態がよくなる徴候は見えず、二月二十日まで石橋は休養をとる手続きをとった。事態は一歩ずつ石橋の時代が去っていく方向にむかった。これだけの休養をとるというのは、総理の病気は意外にも重いのではないか、石橋の健康状態で国会を開かないというわけにはいかない、という声もあがってきた。社会党も首相が出席しないようでは予算の審議もできない、と不満の声があがった。とはいえ石田の記述によるならば、委員長の鈴木茂三郎、書記長の浅沼稲次郎も早稲田出身だった。「鈴木氏は反対党の党首ではあったが、早稲田の校友であり、同じ言論界の出身で個人的交遊は深く長い」と書き、それぞれに恩情があったというのだ。

とにかくいちど国会に出席して一言述べたあとに静養すればいいとの案が提示された。石橋はうなずかなかった。

改めてふれておくが、石橋の施政方針演説草稿は主要三点から成っていた。「産業基盤の確立と貿易の拡大」「農林漁業と中小企業の対策」「国民生活の安定」を骨格としつつ、社会福祉の充実を図りたいとの意思もあらわした。こうした骨格にもとづいて具体的には個々の政策についてもその詳細を明らかにしている。

　この草稿には石橋の持論である「小日本主義」の思想が随所に見られた。第一次世界大戦後の大正期の論壇の中で、石橋の説いた小日本主義は、植民地を放棄し、海外に権益を求めず、自国領土内での経済的国益を守り、真にアジアの被圧迫民族を解放するとの論理にもとづいていた。石橋の施政方針演説をまとめた石田や審議官は、この小日本主義の延長に現実の日本の姿を想定していたのである。そしてこの施政方針演説は、あえて「わが国の将来をになう青年諸君」に呼びかけている。

「自主独立の精神に燃え、世界平和の旗手として新日本を建設せんとする決意を深められるよう、切望いたしたいのであります。自主の思想は、模倣と雷同によってはつちかわれず、実にみずからの探求においてのみ得られるものであります」

　青年に呼びかけたこの一節は、前述のように石橋らしいともいえたが、結果的にこれは「歴史」の意思を含んだ遺言になったといっていいであろう。この部分は石橋が手を加えた節もあるのだが、自らが生きた近代で培ってきた思想をぜひ血肉化してほしいとの思いがこもっていると解《かい》することができる。そこに石橋の執念があった。

　結局、この施政方針演説は、石橋が言語障害を起こしているために登壇できなかったので岸外相が読んだ。石橋とは戦前・戦時下の生き方が異なったこの外相はどのような気持ちで、この演説内容を読んだのか、その心中はわからない。

だが昭和三十二年（一九五七）二月四日の通常国会で、リベラリストと称していい首相の施政方針を反共の軍事路線を追う外相が代読したところにこの時代の特徴があった。実際にこれからまもなく、いわばタカ派の首相が誕生する伏線になったというのが、この代読の風景でもあった。

それはとりもなおさず昭和三十年代初期の日本の政治地図を語っていた。戦前、戦時下に日本の言論の火を守り続けた人物にかわって、帝国主義国家という枠の中で、その本質を追求する官僚型の人物に権力は移っていくのであった。昭和三十年代初期は、その対立の中で日本がバランスを保とうとする重要な時期であった。

1957年2月4日、施政方針演説を代読する岸信介臨時首相代理。共同通信

石橋は、自らの理想や理論を抱えたまま辞任の方向にむかって走っていくことになった。まさに戦後の壮大な実験は解体を始めたのである。その無念さは石橋だけではなく、この時代に生きた多くの人びとに共有されていった。石橋を励ます電話や書簡は、首相官邸にも殺到したにも

かかわらず、石橋はその期待にこたえられずに舞台を退くことになった。

終章　何ごとも運命だよ

幻の〝脱〟対米従属

石橋退陣に至るプロセスを詳細に検証していこう。わずか六十五日で消えてしまったこの内閣は戦後日本の最大の無念の出来事と思うからである。

当初の医師団の判断では、二十日（昭和三十二年〈一九五七〉二月）は衆議院、参議院に出席できるとされていた。官房長官の石田博英《いしだひろひで》もまたそのような発表を行っていた。

首相の病いというのは、与党の自民党にも野党の社会党にもさまざまな動きを示すことになった。政治家の病いはいつもそうなのだが、実際の症状よりは重い疾病で伝わるのが普通である。権力闘争には、そのような宿命があり、重い疾病だと流布することで、逆に政治家の本音の動きがわかるともいえた。

最大の野党である社会党は、石橋湛山《いしばしたんざん》が首相として登院できないのであれば、その責任を追及すると公式には発表している。しかし石橋に好意的な委員長の鈴木茂三郎《すずきもさぶろう》や書記長の浅沼稲次郎《あさぬまいねじろう》は拳をふりあげているかに見えながら密かにメッセージを送ってきたのである。「とにかく一度登院して社会党の質問に答えてもらえればいい。その場合、各大臣の答弁について首相として責任をもつと言って、それから休養に入ったらどうか」との内容だったと、石田は書き残しているが、それは「意を通じる政治家の温情」であり、「政治姿勢の近接性の確認」であった。社会党の指導者たちは、自民党の政治家の中でも石橋にはとくに近接の感情をもっていた。そういう感情が社会党から密かに示されていたのである。

一方で与党内部にも動揺があった。石橋支持の議員たちは、休養の時間がとれればいい、その場合、ライバルの岸信介《きしのぶすけ》や石井光次郎《いしいみつじろう》らが見舞いに駆けつけることで、党内は挙党態勢で石橋の回復を待っているとの儀式を演出できると気勢をあげていた。実際にこの期は、岸も長老ともいえる吉田茂《よしだしげる》も石橋体制に協力することを誓っていたのである。いわゆる昭和三十年（一九五五）に定まった感のある五五年体制は、そのスタートの地点で与野党ともそれぞれの政策の思惑を秘めながら、まだ充分に動きだす体制ではなかったというべきかもしれない。

石橋の病いは、五五年体制の将来を暗示するようでもあった。つまり五五年体制を擬人化して考えるならば、それは病いをもちながらスタートしたともいえたし、現実に即して考えるなら、日本はせっかく石橋のような戦後社会にふさわしい人物を指導者に選ぶことができたのに、それはまだ時期尚早だと歴史的判断が下されたというべきかもしれなかった。実際に石橋は二月二十日が近づいてきても、その話し言葉はまったく不明確で、演壇で野党側の質問に答える準備も充分とはいえなかったのである。

二月十八日に石田と自民党幹事長三木武夫《みきたけお》は、主治医の聖路加病院の村山富治《むらやまとみじ》医師と東洋経済新報社会長の宮川三郎《みやがわさぶろう》と会っている。村山主治医からの報告は意外な内容であった。つまり石橋の病いは風邪による肺炎などではなく、むしろ心臓の持病があり、それが原因となって高熱となり、言語の不明確さを生んでいるとの診察結果が伝えられた。しかし、今すぐに登壇できるという状況ではないにしても二カ月、三カ月の徹底した治療と休養をとれば回復は容易であるとの見立てであった。医師団としては、石橋の体力次第で治癒に至るとの判断をもったのである。しかしそれは願望でもあり、同じ季節の中で治療が可能との見通しにしかすぎず、石田らはこれ以上の迷惑はかけられないとして退陣も視野に入れざるを得なくなった。

聖路加病院の医師団は、石橋の症状から見て二十日や二十一日の登院は無理であり、今後も治療の継続性を必要としていると公式に発表した。ただし近々に再度、精密検査を行って正式に治療の時間などを明確にしたいともつけ加えている。こうした発表は実際には再起不能との意味あいのほうが濃かったのである。

では医師団と石橋の間にはどのようなやりとりがあったのか。聖路加病院の医師団のひとりで、入院した石橋を毎日診察にあたったのが日野原重明《ひのはらしげあき》であった。日野原の書き残している一文では、二人の間に次のような会話があったという。

入院時の各種の検査の結果、「右側の脳血栓と慢性気管支炎、それから二年前から続いていた心房細動」と診断されたという。いずれにしても簡単には治らない。そこで日野原は、「三カ月入院して、ぽつぽつリハビリしましょう」と伝えている。すると石橋は答えている。

「いや一カ月が限度だ」

「それは不可能ですよ」

「総理が閣議に一カ月以上出られないのは機能麻痺だから、僕は辞めたほうがよい」

石橋は三カ月かかるなら、辞めるべきだと考えていたことになる。自民党側にこの旨を伝えると、日野原は自民党から次のように頼まれたと証言している。いわば政治の側の論理である。

「それは困る。それだけは世間に発表しないで、もたせてくれ。石橋先生にはもっともっとやってもらいたい。三カ月でも半年になってもいい。副総理を総理に立てるから、そこを上手にやってくれ」

日野原は、その意を持ち帰って石橋に伝えている。しかし石橋の意思は固い。辞任するのが政治家の務めだ、と譲らない。自民党側にもその意思を強く伝えたという。


医師団の発表はむろん日野原証言とは異なるが、その結果については予測しがたいとしたために、国会の内と外はしばらくは静かなときが続いた。この時代を改めて歴史の中に位置づけてみるなら、太平洋戦争敗戦から六年八カ月間続いた占領期間を終え、再び日本は国際社会に復帰するときを迎えた。明治期の開国以来、日本が選択してきた軍事主導体制が崩壊し、戦勝国であるアメリカの民主主義体制（アメリカンデモクラシー）を範とする国づくりを行った期間であり、それを終えてやっと日本は独立国に復帰することになった。しかし東西冷戦のもと、日本の国際社会への復帰は、アメリカの属国のような扱いの道を歩むことになった。

石橋は大日本帝国の軍事主導体制の時代には、真っ向からその路線に反対を続けた。石橋の主張は、「反帝国主義」「反軍国主義」「市民主義」、そして「自由主義」といった主張に集約することができた。その論は一貫していて、その点では日本社会の松明《たいまつ》の役を果たしていたといってもよかった。そして占領期のアメリカを中心とする連合国による民主主義体制下では、当初の占領政策である非軍事の平和主義、さらには戦後経済を牽引する民間産業主体による産業立国主義などを掲げて、アメリカとの間に是々非々の態度で臨んだ。

大日本帝国の軍事主導体制に協力し、その枠内で軍事主導に一定の役を果たした者は、それこそ悔恨の意味もこめて戦後民主主義体制（いわゆるアメリカンデモクラシーだが）に帰依するよう要求されて従順になっている。しかし石橋はそうではない。もともと大日本帝国の軍事主導体制に反対し、民主主義体制への共鳴、共感を明確にしていたのである。その立場からいえば、石橋がＧＨＱ（連合国軍最高司令部）の命令に一方的に耳を傾ける必要はないというのは当然といえば当然であった。石橋が公職追放になったのは、他の公職追放者と異なって、自らの信念に生きていることの何よりの証《あかし》だということを私たちはなんども確認しておくことが必要である。

その石橋が首相になって、その信念や理想を自らの政権として歴史に刻めることになった。日本が自らの手で、きわめて正統派の道を歩むとの歴史的な自覚が必要でもあった。もとより国民各層がすべてそう信じていたわけではないが、しかし石橋に託されている庶民の側には相応の比率でそういう自覚があったはずだった。

「その職を去るべし」

だが惜しいことに、そのような石橋の役割は、この期には実らなくなりつつあることも、石田や側近たちは知っていった。当初石橋は病室で、側近には相かわらず元気な顔を見せていたし、国会への復帰についても自信をもっているようであった。しかし言葉はもつれるだけでなく、不明瞭でもあった。やがて石橋も、石田や三木も現実には国会での答弁は無理だと理解していった。

石田は自らの書（『石橋政権・七十一日』）に書いている。

「その夜（注・二十日）、私はベッドに横になって、短命ではあるが、ひた走りに走ったこの内閣にふさわしい退陣の演出を考えていた。日活ホテル九階の皇居の濠に面した一人部屋、これが昭和三十二年早春、三木武夫氏と石橋擁立を約して以来の私の城であった」

その後、三木が数枚の原稿用紙を手に石田の部屋を訪ねてきた。

三木は石田にそれを見せる。実は石橋は、体調が悪く国会に出席できなくなった段階で、三木と石田に総辞職もありうるから、その文案は考えておくように命じていたのである。体調がよくなればそれは幻の一文となるだろうが、実際に首相の座での執務ができないとするなら、それは内閣退陣の挨拶になる。三木は、幹事長としてその原案をつくり、石橋に見せたうえで手直しを行い、それを石田に届けたのだ。それを石橋が手直しして実際に退陣したときの「石橋書簡」となったのである（巻末に収録）。

石田は軽く目を通したが、これが無駄になってほしいという気持ちと、これを官房長官の自分が発表する役を担うとの複雑な気持ちであった。その結果は主治医の聖路加病院の橋本寛敏《はしもとひろとし》病院長ほかを加えて行う精密検査で決まる。吉と出てほしい、と思いつつ、現実に石橋の表情を見ていると不安だったのである。

この石橋書簡は、本当に石橋がまとめたのかとか、これほど悪いというならもともと首相の任は無理だったのではないか、といった噂が広まったりした。石橋自身、『湛山回想』の補遺としてまとめた一文の中で、この書簡作成の経緯について、将来は「誤伝されるといけないからその間の事情を記しておこう」と断って、詳しく書き残している。体調が悪くなったとき（二月十六日と思うが、といっている）、石橋は三木と石田を呼んで総辞職のときは党員一人一人に書簡を送りたいので、文案をつくっておくように命じたというのであった。

その文案は、二月二十二日の精密検査を受ける前に、石橋の手元に届いたと、石橋は書いている。「川上秘書官が私の病床にもって来て読んでくれた。私はさらに筆を加え、文章を整え、川上君に清書をしておくように命じた」。つまり石橋は、精密検査の結果により、状態が悪いのであれば、ためらうことなく辞めるつもりでいたのだ。そして結果は前述の日野原の指摘のようになった。

石橋は自らの病いのために、国会を空転させるつもりはなかった。それは彼自身の意思に反した。なぜなら言論人の石橋は、昭和六年（一九三一）四月十八日号の『東洋経済新報』の社説「近来の世相たゞ事ならず」の中で、右翼青年に撃たれて重傷を負った浜口雄幸《はまぐちおさち》首相の入院にふれ、これにより政治的空白ができあがり、総辞職して次の若槻礼次郎《わかつきれいじろう》内閣に委ねるのに手間どったことを批判していたのである。それも前述の社説では、「記者はこの際、一言しておきたいことがある」と前置きしての鋭い批判であった。次のような内容である。

「浜口首相の遭難後、首相は意識を回復せられた際に、辞意を決し、辞表を捧呈すべきであった。しかるに、これを為さず、偸安姑息を貪《むさぼ》ったために、ついに、この大国難の際に、我が政界を爾来見る如き無道、無議会の状態に陥れた。その第一責任者は、何といっても、遭難直後において、挙措を誤った浜口首相に帰せねばならぬ。浜口氏の遭難は同情に堪えぬが、氏の我が国を無道、無議会に陥れた罪悪に至っては、死後なお鞭たるべき罪悪といわねばなるまい」

昭和初年代に舌鋒鋭く首相の総辞職のあり方を論じている。ここまで書いていて、自らはその地位に恋々としているが如くに受け止められることは、石橋にとっては、まさに不本意その

1957年2月21日、精密検査前日の石橋首相（右端）と会談する自民党首脳。左から岸臨時首相代理、石田官房長官、三木幹事長。右から2人目は村山主治医。共同通信

ものであっただろう。石橋の最終的な身の処置は、まさに自らの記してあるとおりでなければならなかったのだ。さらに石橋はこの批判の中で、「言行一致し得ぬ場合にはその職を去るべし」とも書いていた。石橋はこのとき病床にあって、過去の自らの言論を思い起こし、そして医師の精密検査結果にすべてを委ねることに決めたのであろう。

二月二十二日に、石橋のあらゆる部位の精密検査は仮退院していた自宅で行われた。大学病院から医療機器をもちこみ、肉体の各部位の検査が丁寧に進んでいった。医師団はこうして集まった石橋の肉体の疲労状態や病変などのデータを確かめていく。そして夜に

なって検査結果はまとまった。

この検査の結果については、やはり石田の著作に詳しいのでそれを参考に記述を進めていくことにする。次のような結果だったというのだ。

「絶対不整脈（心房細動）」「左室肥大」「血液の濃縮」「右三叉神経痛治療後の不全麻痺は残存」がいかなる検査でわかったかが書かれていた。そしてその結論は、「右の状況からみて、向後約二か月の静養加療を要するものと認む」とあった。第一次検査結果よりは治療の時期が早まっていた。

しかし石田は、「二か月」という文字に釘づけになり、そこに総辞職という語をかぶせた。医師団に「辞職」の旨を伝えると、医師の一人は声を荒らげて、「おかしい。二か月を経てばなおるといっているんですよ。アイゼンハワーと同じ病気なんだ。アメリカの大統領には静養が許されて、日本の総理は辞めなければならないんですか」と詰められたという。しかし石田たち側近の結論は変わらなかった。

その結果をもって、石田たちは石橋のもとに行き報告している。石橋はすでに受けいれる心境だったのかうなずき、石田らに、「何ごとも運命だよ」とつぶやいたという。石橋にとっては二カ月の療養による政治空白などとうてい考えられなかったのだ。そういう恬淡さの中に、石橋の無念の気持ちが凝縮していたのである。

石橋内閣総辞職

二月二十三日の深夜、官邸での有力閣僚への報告が行われ、さらには党内の実力者へは「総辞職」が伝えられた。党内からは辞職に反対であり、治療に時間を要してもいいからこの日に国民向けに発表するのはやめろ、といった声が党三役のもとには届いている。しかし石橋の信念は変わらない。その意を受けて石田は官房長官として所定の手続きを進めていった。石橋の戦前からの言論活動を知っている者は、このすばやさは言論人・石橋の言行一致にあると理解した。石橋の決断は早く、一言でも退陣を拒む言を吐いたら、総辞職に未練があるように映るのを恐れていたともいえた。

潔く辞める、というのは、まさに石橋が国民に身をもって示した生き方であり、そして彼自身の美学でもあった。

三木武夫が中心になってつくり、のちにそれに沿って動いた石田、その二人がまとめた石橋書簡の宛先には、「内閣総理大臣臨時代理　岸信介殿」と「自由民主党幹事長　三木武夫殿」の名が挙がっていた。石橋書簡の気になる一節には、たとえば「私の政治的良心に従います」

とあり、このあとには次のように書かれている。

「また万一にも政局不安が私の長期欠席のため生ずることがありましては、これはまたまったく私の不本意とするところであります」

この表現は、前述の浜口雄幸首相のテロに遭って入院治療することによる国会欠席は、議会政治の冒瀆になりかねないとの指摘と一致している。ここに言論人と政治家の二つの空間に身を置いた石橋なりの矜持があったと理解できる。石橋が国民各層に未だ充分に理解されていない部分があるとしたならば、それはこの矜持を見抜く目に欠けているためだと思う。

石田が新聞記者団の前で、この「石橋書簡」を読み上げ、国民に総辞職の意思を伝えたのは二月二十三日の午前二時であった。首相に就任した日から数えて六十三日目にあたった。昭和の歴史には太平洋戦争の終結までには、十五人の首相がそのポストに就いた。占領期には五人の首相が、そして独立を回復してからは、吉田茂、鳩山一郎の二人、つまり石橋は昭和に入ってからは、二十二人目の首相であった。国会に出て施政方針演説もできなかったことを思えば、その悔しさは歴史の中に怨念《おんねん》として残っている。

「何ごとも運命だよ」

と石橋が石田に洩《も》らしたその言は単に石橋の思いだけでなく、石橋に代表される「大日本帝国を払拭し、真の民主主義体制を模索する国民」の悔しさでもあった。

昭和三十二年（一九五七）二月二十三日午後二時すぎに、石橋内閣は臨時閣議を開き、総辞

自宅療養中に読書をする石橋湛山首相。共同通信

職を決めた。首相の座るべき椅子には、この国を動かすように〈歴史〉に命じられた代理人は不在であった。
そのころ石橋は、書斎でアメリカ経済の専門書を読んでいた。原書であった。それがこの日、この人物にはもっともふさわしい光景であった。

石橋は二月二十七日に東京・築地にある聖路加病院に再入院した。そして四十五日後の四月十三日に退院している。言葉もふつうに発せられるようになった。医師団の予想に近い時間での退院だった。その後は日野原が主治医として自宅へ往診を続けた。石橋は一議員としての政治家生活を再開していった。それが昭和三十年代の光明だったと、私たちは今は知ることができる。

三十七年間、東洋経済新報社を舞台にしての言論人、そして経営者としての活動、政治家になってからは首相以後を含めて二十五年間の議員生活を過ごした。政治家としてわずか五年ほどで首相の座に駆け登ったが、志半ばでその職を離れ、その後は一議員として東西冷戦下での日本の役割をできるだけ「中立」にもっていこうと活動し、日本経済の建て直しに協力を惜しまなかった。政治家である前に軍国主義下にあっても権力を恐れず、時流におもねらず、自らの信じる道に邁進した六十有余年は、「首相在任六十五日」の時間に凝縮している。

六十五日間に、石橋の姿は首相として国会にはなかった。しかし石橋の言説は、国会という空間の「主役」であり続けている。私たちが「歴史」に託する期待は、その「主役」への信頼を確認することで常に生き続けると私は考えている。

歴史に「イフ」を持ちこむことは、決して安易に行われるべきではないが、今改めて昭和三十年代初めの年表を俯瞰してみて、私たちは石橋の唱えた政治姿勢とはまったく異なる歴史の現実を知ることになる。もし石橋の健康状態が退陣するほど重くなかったとしたなら、あるいは三カ月の療養を石橋も耐え、日本の議会政治がそれを許したなら、という仮定の「イフ」は、現実の政治のもうひとつの可能性を確かめるために許されていいであろう。

石橋の後任であった岸内閣の政治姿勢が、あれほど復古的で、大日本帝国回帰型の様相を見せなかったならば、戦後の日本社会は現実とは大いに異なったものになったであろうと思われる。石橋内閣は、党内の大勢の支持を得るなかで、二期から三期は担当したのではなかったろうか。少なくとも岸首相の可能性はきわめて稀薄だったと考えられるのである。

自民党政治は右派よりも中道からやや左派寄りの方向に軸足を移したと思う。何より岸内閣が提出した警察官職務執行法（警職法）などの、まるで戦前の「オイコラ」警察の復活を目ざすような法案が上程されることはなかったはずだ。

加えて安保条約を片務的な条約内容より、双務的な方向にと訴えて、強引に日米安保を改定するような愚策はとらなかったであろう。岸首相は日米安保を「片務」から「双務」へと訴えて日米間で改定交渉を行った。そして強引な議会政治と曖昧なままに条約を結んだ不透明な日米安保、それらの反対運動が盛りあがることはなかったであろう。ああいう学生たちのはねあがりはなかったのではないか。

あの反対運動は、戦前の体質を色濃くもっていて、それをまったく恥じない閣僚の一人芝居に対する抗議だったのである。岸政治にうとましさと軍事色を見た私たちの世代の苛立ちでもあった。岸はなぜあれほど双務条約にこだわったのか、片務的な条約への反感を抱いたのだろう。答えは簡単である。くり返すことになるが、大日本帝国と満州国の間に日満議定書が交わされた（昭和七年）。これは満州国政府が、日本に対して軍事上の防衛にあたってもらうとして、その軍事力は日本軍に全面的依存を謳《うた》う条文と人事の大権は満州国政府へ出向している日本人官僚がもつことになり、軍事費も満州国が負うとした。その条文は、日本が満州国を傀儡国家にするあからさまな外交文書であった。

満州国を支配する官僚の一人だった岸は、その議定書と日米安保条約や日米行政協定などの付属協定がまさに満州国が傀儡国家であることを肌身で知っていたのだ。それゆえに「双務的に改定」を訴えたのである。この歴史的心理は石橋にはまったくない。

日米安保をすぐに廃棄できないなら、自主性を深める方向に改定すべきという石橋の態度とは根本から違いがあった。安保改定の方向もこの線に沿って進められていたであろうことは容易に想像できるのであった。日本が真に独立国たりうるために必要なことは何か。実は石橋は、占領が解けて国際社会に復帰した昭和三十七年四月二十八日直後から自らの見解を発表していた。

その論旨には歴史的な重みがあった。

日本が国際社会に復帰したときの石橋は、政治家というよりはむしろ言論人ともいうべき立場で、自らの所信を明かしていた。かつて昭和の戦争に距離を置いていた立場から見て、これからの日本がどのように舵とりをしていくべきか、いや講和条約の発効によって日本社会はどのような道を歩むのか、それを虚心に語ったともいえる内容の論文であった。

『東洋経済新報』の「時言」に掲載された「日本における革命の可能性」というタイトルがその心情をあらわしていることになる。この稿やその頃の発言などをもとにしながら、石橋は独立の回復、そして日本社会が目ざす方向をどのように見ていたかを考えてみたい。

独立時、日本社会には二つの恐怖があったと、石橋は見ていた。ひとつは「右翼的全体主義国家」への回帰、もうひとつは、「共産主義革命により、ソ連の衛星国化」だと言うのである。前者は主に外国人からの質問が多かったと言う。日本人のほとんどはありえないと考えているが、外国から見れば、この懸念があるということであろう。後者については、色々な噂がこの時期には飛び交っていた。共産党は地下で軍事訓練をしているとか暴動を起こそうとしているとかの噂が、必要以上に国民を驚かせているというのであった。しかも共産党は「極力愛国を主張し、平和を唱え、米軍の撤退を叫んでいる」と言い、これは「直ちに右翼全体主義党のスローガンになる」とも指摘する。

右翼勢力はもともとそれほど大きな勢力ではなかった。加えて占領期に米軍によって神経過敏なほど弾圧された。結局しばらくは共産党勢力の拡大を懸念することとなるのだが、共産党は全国各地で暴動まがいの行動を起こし、国民総決起の状況にまでもっていこうと考えているのだろうとも分析していた。このころの共産党の武装一派は山村工作隊などの地下活動が活発であったが、石橋はそれに対しての状況をも含ませての武装路線に反対していたのである。そういう大衆蜂起は成功しないと、石橋は断言している。

先の石橋論文は、その例として近代日本史から二つの史実を引用して論証している。

ひとつは、明治三八年（一九〇五）九月の日比谷焼き打ち事件である。日露戦争の講和条約が屈辱的であるとして、東京で暴動まがいの騒乱が起こった。政府は戒厳令をしいてこれを抑えた。そのためか全国各地に広がることはなかった。石橋は、「線香花火的爆発にとどまり二日間ばかりで鎮静した」と書き、国民の大半は確かに不満をもったであろうが、野次馬的な者以外は動いていないというのであった。もうひとつは、大正七年（一九一八）八月に起こった米騒動である。

石橋によると、この米騒動は講和条約時の日比谷焼き打ち事件よりもはるかに重大であった。全国百数十の市町村に騒動は広がった。石橋の見るところ、これも実際に動いたのは少数の国民で、大半は傍観者的態度であった。

日本の場合、昭和には二・二六事件のような軍による騒動はあるが、「若い将校たちには、自ら政府を乗取って、革命を遂行するほどの意志はなかった」と石橋は見ていたのである。

このような例を引きながら、石橋は日本にあっては、暴動や革命騒動が広まらない理由はどこにあるのだろうか、との疑問に至るのである。昭和二十七年（一九五二）四月二十八日に講和条約が発効して独立を回復したときに、石橋は日本は左右両翼の勢力を排して、まさに穏健な自主独立のバランスのとれた国家を目標にすべきだと訴えたともいえる。石橋のこうした立場を確認すると、独立回復後の政治は吉田政治のような向米一辺倒は、むしろ国益に反するといった思いが如実に伝わってくる。石橋は追放解除後の政治家のいく道を、新しいリベラリズムを包含した保守主義といった方向に定めたとも言えるのではないだろうか。

この道は当時の日本人の意識のもっとも平均的な枠内にあり、何よりも近代日本の軌道修正の意味を含んでいたのであった。

日本には日本独自の民主主義体制が育つ可能性があり、国際社会でも独自の道を模索する機会はあった。石橋の敷こうとしたそうした路線とは、まったく逆の方向で、現実の歴史は動いたのである。三年後の岸内閣による「六〇年安保改定」時のこの国の混乱の姿は石橋路線の否定でもあった。くり返すことになるが、日本社会が目ざすまっとうなリベラリズムは、その後政治の軌道には乗らなかったことを私たちは忘れるべきではない。

しかしそれがこの国の「天命」であってはならない。

おわりに　最短の在任、最大の業績

コロナ禍の現代社会にあって、私たちの日常生活は大きく変化している。人との接触を減らせとか旅行は控えろ、なるべく外出するな、果ては電車内などでも会話を交わすな、とにかくいくつもの社会的制限が加えられている。政治的にはまるでファシズムの社会だと言っていいだろう。こういう感染症にはファシズム体制がもっとも効果的な予防策になるとも言えようか。

このファシズム体制が、新型コロナウイルスが収まっても続くとするならば、私たちの社会はきわめて危険な道を歩んでいることになるのではないか。民主主義体制が崩壊して、自由が制限された社会で生きていることを想像しただけでも息が詰まる。こういう時代が来ないように日々、現在のコロナ禍の社会から何がしかの教訓を学ばなければならないと、私は思う。石橋湛山が、大正十二年（一九二三）九月の関東大震災の後に、『東洋経済新報』（大正十二年十月一日号）の社説に、「此経験を科学化せよ」と題して書いている。

とにかく日本の組織は、こういう大きな災難に驚くほど状況判断を間違えてしまうと指摘したうえで、次のように書くのである。

「我輩の見る所に依れば、今の我国民は、全体として、斯《か》かる場合に甚《はなは》だ頼もしからざる国民である。（中略）畢竟《ひっきょう》日本国民は、わっと騒ぎ立てることは得意だが、落ち着いて善く考え、協同して静かに秩序を立て、地味の仕事をすることには不適任である。（中略）我国は、今回の災害に依り、あらゆる方面に人為の更に大に改良すべきものあるを発見する。と同時に此《この》災害は、随分苦き経験ではあったが、併《しか》し之を善用すれば、所謂《いわゆる》禍を転じて福となすの道は多いのである」

この経験を「科学化（データの整理や予防策など）」して将来に残さなければならない、とも強調している。さらにこのころの別な社説では、「亡びゆく国民なら知らぬこと、いやしくも伸びる力を持つ国民が、これくらいの災害で意気阻喪《いきそそう》してはたまるものではない」とも断言している。石橋のこういう論から、私たちは改めて今の時代に生きていての教訓を体系化し、次の時代に残さなければならないと思うのである。

教訓とは何か、ということになるのだが、私は「資料を父とし、証言を母として、教訓という子供を産む」と考えている。コロナの時代にあってもそれは変わらない。資料というのは、日々動くコロナによる社会の変化の事情とそれぞれの国（あるいは指導者など）の対応策を記録した文書や情報を指す。そして証言とは、コロナ禍の中で生き抜いている人々の発言内容などを指す。そこからどういう教訓や知恵が生まれているのか、それを確認しなければならないであろう。

コロナ後の社会がどのようになるのか。それは日々の報道やコロナに怯えつつ生きる私たちの発言の中から探ることが可能だと思う。つまりコロナ後の社会を生きていく教訓は容易に得られるはずであり、その社会がどういう社会になるか想像もできるということである。

私たちはコロナ後の社会は、石橋の言う「わっと騒ぎ立てることには得意」だが、「落ち着いて善く考え、協同して静かに秩序を立て、地味の仕事をすることは不適任」をまずは参考にすべきであろう。たぶんその社会はもう一度、家庭とか地域共同体とかの共同社会が見直されることになるであろう。テレワークやオンラインは必然的にその方向に向かっている。同時にこれまでと変わって内向きの社会になり、個人の自立や主体性が尊ばれる。社会的連帯感が希薄になるとも思えるのである。個人が切り離されることで、逆に反作用としてファシズム体制の感情的高まりを求める方向にも向かうように思われて、危険な要素を抱え込むような体制にもなるかもしれない。

改めて石橋の指摘する「不適任」という姿勢を克服することが、これからは大切にしていかなければならないだろう。

実際に石橋は近代日本にあって貴重な意見や主張を書き残している。それらを読むと優れた思想家とも警世家とも言えるように思うのである。国家がコロナ禍に対応し、個人が人生観を懸けてコロナ禍と向き合っているとき、石橋の思想や言論がもっとも価値があり、頼りがいがあると私は考えているが、本書の刊行意図はその点にあることを理解してもらえればと願っている。

本書でも繰り返しているが、石橋は首相としての在任がわずか六十五日である。近代日本史の上では最短に近い。しかし私は、「最短の在任、最大の業績」と思っている。一例を挙げるならば、昭和20年代の大蔵大臣の中で記憶に留められている大臣は石橋と池田勇人ということになるだろうが、池田は吉田内閣のもとで長期に亘り大臣を務めている。石橋はわずかに一年である。「ところが国民に与えた印象の強さからすれば、両者はほぼ同等である」（「リベラル宰相」河上民雄〈社会党議員から東海大教授〉）ということになる。

むろん政権を担当する長さや大臣の在任期間によって、評価が決まるわけではない。その政治家の経歴、人格、そして事績などによって、歴史は評価を定める。

同時に石橋の最短ともいうべき首相在任期間を分析するために、私たちは、「歴史の中にイフをもちこみたくもなる」のである。そういう声の大きいことは本書の中でも語ってきた。前述の河上は次のようにも書いている。

「石橋氏の悲運は、ひとり石橋個人のものではなく、日本の運命を変えたものといえよう。石橋内閣が倒れて、岸内閣が登場したとき、当時、野党の社会党の領袖であった私の父（河上丈太郎）が『これで日本が暗くなる』という意味の感想を新聞で述べていたが、それは誰しもが抱いた不吉な予感であった」

石橋内閣が国民にどのように受け入れられたのか、をこの見方は逆説的に示しているように思われるのである。前述の河上の指摘はさらに「せめて三年でも石橋に腕を振るわせたかった」という声は大きかったとも書いている。そういう声の大きさは、国民に強い期待感があったからとも言える。この期待感はそのあとを継いだ岸信介内閣の評判の悪さの反映でもあったのだ。岸内閣は現実にその強権的態度で、まさに日本社会を暗くしたと言っていいであろう。

歴代首相の中で、石橋と対峙する言い伝えは「最長の在任、最小の事績」と言えようか。首相というポストには、石橋のように政治家になる前の言論人時代の信念がそのまま刻まれたケースと、政治家になる前の信念が屈折した形で刻まれているケースがある。そこに石橋と岸の違いがあるということになろう。さらに最長の首相がさしたる事績を残さなかったとするならば、そこには首相の格の違いが浮きぼりになるだけではないだろうか。

石橋は、首相という存在は日頃から思想や哲学を明確にしておくことの重要性を教えた。首相が何を目ざし、どのような方向に、この国を率いていくのか、そのことを国民は知る権利がある。それは首相を目ざす政治家が日頃から信念を発信する姿勢を持たなければならないということだ。石橋を範とせよ、と強調しておきたいのである。

＊＊＊

本書は、東洋経済新報社出版局の南翔二氏との会話から始まった。南氏の依頼で私と半藤一利さんは、都合三冊の対談本を刊行した。そういう対談の折りに、半藤さんは、「石橋湛山という人は立派だよなあ」と何度も漏らした。私も同感で、話はしばしば本題から外れて湛山論になった。石橋が二年か三年、在任していたら、日本の戦後史は変わったという点も了解事項となったほどだった。「石橋が首相になるプロセスを書くことで、どう変わったかの想定はできるはずだ」と、私が話したのを、南氏は、「その在任期間を書いてくださいよ」となった。私も引き受けた。もう八年近く前になろうか。

しかし執筆はなかなか進まなかった。半分ほど書いた段階で、南氏の急死に出会った。私はこの執筆を途中で止めることになった。その後、出版局の水野一誠氏の勧めや万全の協力態勢に、改めて挑むことになった。水野氏の協力と支援がなければ、筆は止まったままになっていただろう。とにかくこうして刊行に至ったことに深く感謝したい。

東洋経済新報社の元社長・浅野純次氏の協力にお礼を言いたい。執筆を始める前に、浅野氏、南氏とともに東京・日暮里の石橋湛山碑に行き、私は評伝を書くときに行う儀式（「あなたの生きた姿を描かせてもらいます」と挨拶するのが私の流儀なのだが）を済ませた。さらに半藤一利氏には、『戦う石橋湛山』（東洋経済新報社）をお書きになったときのエピソードを数多く聞かされた。幽明境《ゆうめいさかい》を異《こと》にすることになった南氏、半藤氏の二人に万感の思いをもって本書を届けたい。

そのほかご協力いただいた多くの方々に感謝したい。

令和三年（二〇二一）二月　コロナ禍の日々の中で

保阪正康

資料［1］　第二十六回国会（常会）施政方針演説

（昭和三十二年二月四日、岸内閣総理大臣臨時代理代読、両院において）

石橋内閣総理大臣には、さきに内閣首班の重責につき、本国会に臨んで、親しく諸君に施政の方針を述べるはずでありましたところ、去る一月二十五日から風邪のため就床し、主治医の診断によれば、今後なお約三週間の静養を要するとのことであります。このような次第により、国政全般に、かりそめにも遅滞を生ずることのないようにするため、石橋総理の病気引きこもり中、不肖私が内閣総理大臣臨時代理の職務を行うこととなったのであります。私は、この間、全力を尽して、私に与えられた重大な職責を全ういたしたい決意であります。

ここに、第二十六回国会に臨み、石橋内閣の施政の方針を申し述べることといたします。

二大政党による国会の運営が、真に国民の期待に沿い、国民の信を一そう高めるためにとるべき方途は一、二にとどまりませんが、その中でも、特に、自由民主党及び日本社会党の両党が、外交を初め、国政の大本について、常時率直に意見をかわす慣行を作り、おのおのの立場を明らかにしつつ、力を合せるべきことについては相互に協力を惜しまず、世界の進運に伍していくようにしなければならないと思うのであります。国会に国民が寄せる信頼は、民主主義の基であります。これにいささかなりともゆるぎがあってはなりません。そのためには、個人としてはもとより、公党の立場においても、清廉はつらつの気風をふるい起こし、常に国家の永遠の運命に思いをいたし、地方的利害や国民の一部の思惑に偏することなく、国民全体の福祉をのみ念じて国政の方向を定め、論議を尽していくように努めたいのであります。

政府といたしましては、国会運営の正常化に極力協力するとともに、官公庁が国民のための奉仕機関としての実を十分に発揮し得るよう、その業務の運営について、すみやかに検討を加えて行政の能率化をはかるとともに、行政監察を一段と強化したい考えであります。このようにして、政界と官界がよくその使命とすべき職分を全うし、綱紀の刷新を行うことが、今日における政治について心をいたすべき根本であると私は信じております。新内閣は、まず改むべきは政治であり、政府であるとの見地から、政府部内を戒めるとともに、進んで新しい局面に対処する積極的な政策を推進し、国民がはっきりと希望を持ち得る政治を行いたいと考えているのであります。

まず、目を国際政局に向けますと、昨年は世界政治の上に重大事件が相次ぎ、特に東欧の新事態とスエズをめぐる中近東の動乱によって、世界の緊張緩和の趨勢は一頓挫し、その結果、国際政局は著しく変転し、その前途は多難と思われるのであります。このときに当り、さきにソヴィエト連邦との間に国交を回復することによって東西に外交のとびらを開き、全世界の注視と祝福のうちに国際連合に加盟したわが国は、きわめて重要な地位を占めるとともに、これに伴う重い責任を負うに至ったのであります。私は、この機会に、国際連合への加盟が国民多年の念願であったことを想起し、戦後多難な歳月をよく耐えてきた全国民のたゆまない努力と友邦諸国の並々ならぬ支援に対し、深い敬意を払うものであります。われわれ日本国民はこの重要な地位と責任にふさわしい力を、物心両面にわたって養わなければなりません。終戦以来ともすればありがちであった他力依存の思想を一掃し、独立自主、自力更生の思想をふるい起し、国力の増進をはからねばなりません。今後、わが国は、国際連合を中心として、世界の平和と繁栄に貢献することを、わが外交の基本方針とすべきものと思います。もとより、わが国は民主主義国家として発展することを国是としており、従って、わが国の外交政策の基盤は、民主主義国との協調を積極的に実現することにありますが、たまたま、日米両国において、時を同じゅうして新しい政府が成立したことにもかんがみ、米国との間の相互理解と協力を一そう推進していくよう、特に考慮を払いたいと考えておるのであります。また、アジア諸国とは、賠償その他の諸懸案の解決、経済、文化などの面における協力の増進に努めることによって、これらの国々との善隣友好を深め、互助発展を期したいのであります。

さらに、私は、国際経済の面において、国民各位の不断の努力により、わが国の地位が向上しつつある現状を喜ぶとともに、政府としても、さらに国際競争上不利な障害を除き、通商その他の面において、わが経済力がますますその実力を伸長できるよう、経済外交を強化し、適切な措置をとる決意であります。

次に、わが国の経済は、生産、貿易などの分野において近来著しく発展してきましたが、この際、さらに生活水準の向上と完全雇用を目ざし、あくまでもインフレを防ぎつつ、産業活動と国民生活の全般にわたって均衡のとれた発展を促進することが必要であります。

昭和三十二年度予算の編成に当っては、財政の健全性を確保しつつ、財政の役割を積極的に果し得るよう、重要施策を重点的に推進いたしたいと考えております。予算案に盛り込んだ重要施策の詳細につきましては関係閣僚の演説に譲り、私は、そのおもなるものについて、簡単に述べることにいたします。

まず第一は、産業基盤の確立と貿易の拡大についてであります。わが国産業の対外競争力は、欧米諸国に比べ、いまだかなり遜色がありますので、産業設備の近代化、生産体制の整備、労働生産性の向上などによって産業の近代化をさらに徹底的に行うとともに、道路、港湾、輸送機関など産業関連施設を増強する方針であります。ここ数年来、わが国の輸出は、きわめて好調に推移しておりますが、これは海外経済の好況に負うところが多いので、今後、激動する世界情勢のもとにおいては、輸出の振興について、なお、特段の配慮を要すると考えます。このため、政府は、海外市場の積極的開拓、輸出取引秩序の確立、東南アジアや中南米などに対する海外投資、技術協力の促進などに努力を払う方針であります。また、このことと並んで、産業技術の革新と向上が輸出振興上もきわめて重要であることにかんがみ、新技術の研究、その成果の活用、普及などに関し、総合的な施策を実施したいと考えております。

第二は、農林漁業と中小企業の対策についてであります。

食糧の自給度を高めるとともに、食糧需給の調整を総合的見地から一そう円滑にすることは、わが国農政の基本問題でありますので、政府は、これが対策について諸般の措置を講じておるのでありますが、その一つとして、食糧管理の合理化に努める所存であります。また、農産物生産の基盤である土地条件の整備を計画的に推し進め、青年層を中心とする自主的な活動による新農山漁村建設事業の振興をはかるよう、極力援助いたす考えであります。さらに、寒冷地帯に対しては、有畜経営と農業機械化の促進など、適切な対策を講じて行くようにいたしているのであります。

また、わが国の経済好況の波は、ようやく中小企業にも及びつつありますが、中小企業については、なお解決を要する多くの問題があります。このため、金融を円滑にし、その組織をさらに強化して、その経済的地位の向上をはかるとともに、輸出産業を中心とする設備の近代化、技術の向上、経営の改善などを助成する方針であります。

第三は、国民生活の安定についてであります。

国民の生活を安定させ、福祉国家を築き上げることは、政府の最も意を用いているところであります。その具体的な方策といたしましては、まず一千億円を上回る減税を断行し、国民の税負担を軽くしたことであります。また、住宅が現在なお相当不足しておりますので、明年度におきましては、民間の自力によって建設されるものも含めて、約五十万戸を建設することを目標といたしております。なお、国民生活の環境を改善整備し、この面においても明るい国民生活の実現を期したいと考えているのであります。

次に、社会保障制度の整備拡充については、種々施策を講じていく所存でありますが、まず、社会保障制度の中核である医療保障制度を確立するため、できるだけ早く、すべての国民が社会保険に加入できるよう必要な措置を講ずるとともに、国民生活の上に大きな脅威となっている結核に対して、その予防措置を強化し、結核を撲滅するよう努めたいのであります。また、老齢者と母子世帯の福祉の向上をはかるため、さしあたり、明年度において、年金制度の創設を準備することとし、社会保障制度の拡充に大きく新生面を打ち出すこととしたのであります。また、近時国民生活水準の著しい向上にもかかわらず、これに足並みを合わせることのできない低所得者階層に対しまして、新たに医療費の貸付制度を設けるなどにより、これら階層に属する人々の防貧、更生施策を強化いたしたのであります。また、このことと並んで、多年の懸案であった在外財産問題につきましては、引揚者の現状にかんがみ、在外財産問題審議会の答申を尊重して、この問題の処理をはかるようにいたしたいのであります。

次に、雇用問題につきましては、経済の活況により、就業者の数は増加し、一方離職者の数は減少するなど、相当好転してきたのでありますが、なお、多数の不完全就業者が存在し、一方において、年々新たに就職を必要とする労働力人口が増すなど、今後において解決を要する問題が多いのであります。しかし、この余った労働力こそは、わが国経済発展の余力を示すものでありますから、政府は、この労働力が十二分に発揮できるよう、雇用の増大、やさしく申せば、仕事をふやすことに政策の中心を置く方針であります。なお、以上の雇用拡大の方策をとるほか、当面の情勢に対処するためには、公共事業を拡充するとともに、失業対策事業を充実し、失業者の雇用吸収に万全を期したい所存であります。

最後に、右以外の重要事項について述べたいと存じます。

現在経済発展の隘路である運輸交通につきましては、その総合的な整備、拡充の方途を講じたい考えであります。これがために、国鉄運賃の改訂を行い、鉄道輸送力の増強をはかることといたしましたほか、高速自動車道路建設の促進、港湾の整備、航空路網の増強、通信施設の拡充などに着手することとし、一面頻発する水害を根本的に防ぎ、国土保全の万全を期し、電源の開発、北海道、東北地方の振興を行うなど、産業基盤の整備の立場からも、特段の考慮を払っていきたいと考えているのであります。

次に、独立国家の民族的支柱であり国民活動の精神的源泉である教育の充実をはかり、科学の振興と国民道義の確立を期し、文教の刷新を講ずべきことを特に強調したいのであります。

最近の治安情勢につきましては、特に著しい変化は見られませんが、わが国内外の情勢にかんがみ、今後国内における反民主主義活動の動向は必ずしも楽観を許さないものがあります。民主主義擁護の根本方針にのっとりつつ、治安の維持に万全を期したいと存じております。

また、国土の防衛につきましては、わが国の立場から考え、わが国の国力と国情に応ずる防衛力を整備する方針を堅持することとし、防衛力の当面の整備に当っては、日米共同防衛の建前を基礎としながらも、世界の趨勢にかんがみ、量より質に重点を置き、自衛隊の装備の充実をはかることとしたのであります。

次に、地方財政につきましては、地方財政の健全化を推進しつつ行政水準の確保に努め、住民福祉の向上をはかりたいと存じます。また、新市町村の建設の助成を強化するとともに、府県制度など地方制度全般についても、地方制度調査会の答申を待って根本的な改革を検討いたしたい考えであります。

以上、当面の重要施策について決意を述べたのでありますが、この機会に、私は、国民各位、とりわけ、わが国の将来をになう青年諸君が、自主独立の精神に燃え、世界平和の旗手として新日本を建設せんとする決意を深められるよう、切望いたしたいのであります。自立の思想は、模倣と雷同によってはつちかわれず、実にみずからの探求においてのみ得られるものであります。このため、私は、今後、いろいろの機関を通じ、青年諸君はもとより、広く各層の国民各位と接触し、国民の声を聞き、同時に、私どもの考えているところも率直に申し上げ、国民とともにある明るい政治を築くようにしたいと念願しておる次第であります。

資料[2] 首相辞任に関する書簡(昭和三十二年二月二十二日)

私の発病以来、各位には種々御迷惑をおかけしまして申し訳なく思っております。それにもかかわらず、各位よりは私に対し安心して十分静養に努めるようにと温かい御配慮をたまわり感銘にたえません。しかし医者はなお二ケ月の休養を求めました。私はいろいろ考えました末、この際思い切って辞任すべきであると決意するに至りました。友人諸君や国民多数の方々からは、そう早まる必要はないという御同情あるお考えもあるかもしれませんが、私は決意いたしました。

私は新内閣の首相として、もっとも重要なる予算審議に一日も出席できないことがあきらかになりました以上は首相としての進退を決すべきだと考えました。私の政治的良心に従います。

また万一にも政局不安が私の長期欠席のため生ずることがありましては、これはまたまったく私の不本意とするところであります。私の総裁として、また首相としての念願と決意は、自民党にありましては党内融和と派閥解消であり、国会におきましては国会の運営の正常化でありました。私の長期欠席が、この二大目的をかえって阻害いたしますことに相成りましては、私のよく耐えうるところではありません。

どうか私の意のあるところをおくみとり下さい。くれぐれも党内融和の上に立ち、党員一致結束、事態の収拾をおねがいしたいのであります。せっかくの御期待にそえませんことは残念この上もありませんが、私はこれがこの際、私をして政界のため国民のためにとるべきもっとも正しい道であることを信じて決意をした次第であります。

内閣総理大臣　石橋湛山

二月二十二日

内閣総理大臣臨時代理　岸　信介殿
自由民主党幹事長　三木武夫殿

石橋湛山略年譜

石橋湛山の詳細な年譜は、『石橋湛山全集』（東洋経済新報社刊）第十五巻に収められている。

（石橋湛山）

明治一七年（一八八四）
九月二五日、東京市麻布区芝二本榎一丁目一八番地（現在の東京都港区高輪二丁目八番地）に、父杉田湛誓と母きんの長男として出生。幼名省三。母方の姓石橋を継ぐ。父湛誓は、当時日蓮宗東京大教院（芝二本榎所在の承教寺内に設置）の助教補であった。

明治一八年（一八八五）一歳
三月二五日、父湛誓が、山梨県南巨摩郡増穂村（現在の増穂町）の昌福寺住職に就任するにともない、母きんとともに甲府市稲門（現在の甲府市伊勢）に転居。

明治二二年（一八八九）五歳
四月一日、稲門尋常小学校に入学。

（日本と世界の動き）

一八八四年
一〇月三一日、秩父困民党が悪徳金貸しや政府に蜂起（秩父事件）。

一八八五年
五月九日、銀兌換日本銀行券発券（銀本位制）。
一二月二二日、内閣制度創設、伊藤博文が初代内閣総理大臣となる。

一八八九年
二月一一日、大日本帝国憲法発布。

明治二四年（一八九一）　七歳
一〇月一日、昌福寺の父のもとに引きとられ、増穂村尋常高等小学校に転校（第三学年）。
一二月二三日、妹（長女）とし、出生。
明治二六年（一八九三）　九歳
三月一日、弟（次男）義朗、出生。同月、増穂村尋常高等小学校尋常科（四年）修了。四月、同校高等科に進む。
明治二七年（一八九四）　一〇歳
九月、父湛誓（日布と改名）、静岡県池田の日蓮宗本山本覚寺住職に就任のため、山梨県中巨摩郡鏡中条村（現在の南アルプス市鏡中条）の長遠寺住職望月日謙に預けられ、鏡中条村尋常高等小学校に転校（高等科第二学年）。
明治二八年（一八九五）　一一歳
三月、鏡中条村尋常高等小学校高等科第二学年修了。
四月八日、望月日謙に就き得度。この月、山梨県立尋常中学校（のち、山梨県第一中学校と改称）に入学（当時の校長黒川雲登）。

一八九〇年
七月一日、第一回衆議院議員選挙実施。
一〇月三〇日、教育勅語が下される。
一一月二九日、第一回帝国議会が開かれる。
一八九一年
五月一一日、ロシア皇太子（のちの皇帝ニコライ二世）が、護衛の津田巡査によって負傷（大津事件）。
一八九四年
七月一六日、日英通商航海条約締結（治外法権撤廃）。
七月二五日、日清戦争勃発。
一八九五年
四月一七日、日本、清の間で下関（馬関）条約締結。
四月二三日、三国干渉（仏、独、露三国が日本に対して行った勧告）。

一一月一七日、妹（次女）しづ、出生。
明治二九年（一八九六）　一二歳
三月三〇日、弟（三男）湛正、出生。

明治三四年（一九〇一）　一七歳
二月一日、妹（三女）とよ、出生。
三月二六日、大島正健（札幌農学校第一回卒業生）が校長として赴任。
四月、第五学年に進級。
明治三五年（一九〇二）　一八歳
三月八日、省三を湛山と改名。この月、山梨県立第一中学校を卒業。
七月、第一高等学校入学試験を受け、不合格。
一〇月、望月日謙のすすめで、山梨普通学校（当時甲府市に所在）の助教となる。
明治三六年（一九〇三）　一九歳
七月、再度第一高等学校入学試験を受け、不合格。
同月、早稲田大学高等予科の編入試験に合格。
九月、同予科に入学。

一八九六年
四月六日、第一回国際オリンピック大会開催（アテネ）。
一八九七年
三月二九日、貨幣法公布（金本位制度確立）。
一八九八年
六月三〇日、大隈重信を総理大臣、板垣退助を内務大臣とする隈板内閣成立。
一九〇一年
二月五日、官営八幡製鉄所操業開始。
一二月一〇日、足尾銅山鉱毒問題で、田中正造が天皇に直訴。
一九〇二年
一月三〇日、日英同盟締結。

明治三七年（一九〇四）二〇歳
七月一三日、早稲田大学高等予科を修了。
九月、早稲田大学大学部文学科（部）哲学科に入学。
明治三八年（一九〇五）二一歳
九月、哲学科第二学年に進級し、田中喜一（王堂）の倫理学史を受講。
明治三九年（一九〇六）二二歳
八月四日、母きんの隠居により家督相続。
明治四〇年（一九〇七）二三歳
七月、早稲田大学大学部文学科を首席で卒業。特待研究生に推薦され、宗教研究科に進む。
明治四一年（一九〇八）二四歳
七月、宗教研究科を修了。
一二月、東京毎日新聞社（明治三年創刊の横浜新聞の後身）に入社、社会部に配属。
明治四二年（一九〇九）二五歳
一月、社会部から政治・学芸担当に転ず。
七月、徴兵検査を受け、甲種合格。
八月、東京毎日新聞社の内紛による主筆田中穂積の引退に殉じて同社を退社。

一九〇四年
二月八日、日露戦争勃発。
八月二二日、第一次日韓協約を締結。
一九〇五年
九月四日、ポーツマス条約締結。
九月五日、日比谷焼き打ち事件（ポーツマス条約に反対する暴動事件）。
一九〇六年
一一月一七日、第二次日韓協約を締結。
一一月二六日、南満州鉄道株式会社設立。
一九〇七年
七月二四日、第三次日韓協約を締結。
八月三一日、三国協商が成立（英露協商により生じた英・仏・露の友好関係）。
一九〇八年
一〇月六日、オーストリアがボスニア・ヘルツェゴヴィナの併合を宣言。
一九〇九年
一〇月二六日、伊藤博文が安重根に殺害される。

一二月一日、第一師団歩兵第三連隊に一年志願兵として入営。

明治四三年（一九一〇）　二六歳

三月一〇日、大杉潤作・大屋徳城・小沢一と共同執筆の著作『世界の宗教』を大日本文明協会編として刊行。

一一月三〇日、歩兵第三連隊を軍曹で除隊。

明治四四年（一九一一）　二七歳

一月一日、東洋経済新報社に入社。同社刊行の社会評論雑誌『東洋時論』（明治四三年五月創刊）の編集を担当。

明治四五年（大正元）（一九一二）　二八歳

一〇月一日、『東洋時論』が第三巻第一〇号をもって廃刊となったため、『東洋経済新報』に転ず。

一一月二日、新報主幹三浦銕太郎・貞夫妻の媒酌で岩井尊記三女うめと結婚。本所区（現在の墨田区）錦糸町に間借す。

一二月、憲政擁護運動の魁となった憲政作振会の創設に参加。

大正二年（一九一三）　二九歳

一月一日、陸軍歩兵少尉に任官、予備役に編入。

四月、牛込区（現在の新宿区）原町の借家に転居。

七月、島村抱月の芸術座結成に参画。

八月一五日、長男湛一、出生。

一九一〇年

八月二九日、韓国併合（朝鮮総督府設置）。

一九一一年

二月二一日、改正日米通商航海条約締結（関税自主権回復）。

一〇月一〇日、辛亥革命勃発（孫文）。

一九一二年

一月一日、中華民国建国（孫文）。

一〇月一七日、第一次バルカン戦争（バルカン同盟とオスマン帝国）。

一二月一九日、第一次護憲運動。

一九一三年

二月二〇日、桂太郎退陣。

六月二九日、第二次バルカン戦争（セルビア・ギリシア・モンテネグロなどとブルガリア）。

一一月、東京市外高田村雑司ヶ谷三一番地（現在の豊島区雑司ヶ谷一丁目）に転居。

大正三年（一九一四）　三〇歳

五月、自由思想講演会の設立に参画。

八月二五日、市外戸塚町諏訪中通一〇三番地（現在の新宿区戸塚町）に転居。

大正四年（一九一五）　三一歳

八月一一日、小石川区（現在の文京区）高田豊川町五八番地に転居。

一一月一三日、東洋経済新報社の合名社員に選任（代表社員三浦銕太郎）。

大正五年（一九一六）　三二歳

一月一四日、長女歌子、出生。

八月五日、末妹とよ、病没。

大正六年（一九一七）　三三歳

六月、早稲田大学に騒動起こり（〜一一月）、天野為之学長擁護に活動。

大正七年（一九一八）　三四歳

三月二五日、次男和彦、出生。

一九一四年

一月二三日、シーメンス事件発覚。

六月二八日、サラエボ事件（オーストリア＝ハンガリー帝国の皇位継承者とその妻が暗殺される）。

七月二八日、第一次世界大戦が始まる。

八月一五日、パナマ運河が開通。

一九一五年

一月一八日、対華二一カ条の要求。

一二月四日、東京株式市場暴騰、大戦景気。

一九一六年

吉野作造「民本主義」を唱える。

一九一七年

二月二三日、ロシア革命が起こる（二月革命）。

一九一八年

八月二日、シベリア出兵（チェコスロヴァキア軍救援の名目）。

九月二九日、原敬内閣成立。

大正八年（一九一九）　三五歳
三月、普通選挙期成同盟会の結成に参画。
九月一四日、鎌倉町海岸通りに転居。
一〇月二七日、米穀専売研究会の結成に参画。

大正一〇年（一九二一）　三七歳
七月二二日、太平洋問題研究会の結成に参画。
九月九日、軍備縮小同志会の常任委員会に参画。
一一月二二日、東洋経済新報社が株式会社に改組され、取締役に選任。

大正一一年（一九二二）　三八歳
七月一日、鎌倉町大町蔵屋敷七〇五番地（現在の鎌倉市御成町二〇番地）に新築転居。
一一月八日、金融制度研究会（現在の金融学会の母体）の創設に参画。

大正一二年（一九二三）　三九歳
九月一日、関東大震災により、居宅被災。
九月一四日、鎌倉臨時復興委員会委員を委嘱。

大正一三年（一九二四）　四〇歳
一月三日、湘南倶楽部（信用購買利用組合）の設立に

一一月一一日、第一次世界大戦が終わる。

一九一九年
一月一八日、パリ講和会議開催。
六月二八日、ヴェルサイユ条約締結。
八月一一日、ヴァイマル憲法制定。

一九二〇年
一月一〇日、国際連盟成立。
五月二日、日本初のメーデー。

一九二一年
一一月四日、原敬首相暗殺。
一一月一二日、ワシントン会議。

一九二二年
三月三日、全国水平社創立（部落解放運動の全国団体）。
一〇月三〇日、イタリアにムッソリーニ政権が成立。
一二月三〇日、ソビエト社会主義共和国連邦成立。

一九二三年
九月一日、関東大震災。

一九二四年
一月一〇日、第二次護憲運動。

参画し、常務理事に選任。
九月一〇日、鎌倉町町会議員選挙において第三位（定員二四名）で当選。
一一月二一日、父日布、日蓮宗総本山身延山久遠寺の法王（第八一世）に推戴。
一一月二四日、横浜高等工業学校（現在の横浜国立大学工学部）の経済学講師を委嘱。
一二月、三浦銕太郎のあとをうけて、東洋経済新報社主幹に就任。

大正一四年（一九二五）　四一歳

一月二五日、東洋経済新報社代表取締役・専務取締役に就任。

昭和二年（一九二七）　四三歳

七月二五日、『新農業政策の提唱』を東洋経済新報社より刊行。

昭和三年（一九二八）　四四歳

八月一三日、鎌倉町町会議員を任期満了により辞任。

一九二五年

四月二二日、治安維持法制定。
五月五日、普通選挙法公布（満二五歳以上の全男子に選挙権が付与）。

一九二六年

一二月二五日、大正天皇が崩御し、昭和天皇（裕仁親王）が即位。

一九二七年

三月一五日、昭和金融恐慌。

一九二八年

二月二〇日、普通選挙法による最初の総選挙。
六月四日、張作霖爆殺事件。
八月二七日、パリ不戦条約締結。

昭和四年（一九二九）　四五歳
七月一二日、『金解禁の影響と対策』を東洋経済新報社より刊行。

昭和五年（一九三〇）　四六歳
七月二〇日、「日本金融史」（『経済学全集』第三一巻「日本経済史」所収）を改造社より刊行。
一二月七日、父日布、布教活動中病に倒れ、療養先の沼津市にて没。

昭和六年（一九三一）　四七歳
六月一〇日、経済倶楽部が創立され、常任委員に選任。

昭和九年（一九三四）　五〇歳
八月三一日、平凡社より「我国最近の経済と財政」（『実

一〇月八日、蔣介石が中国国民政府主席に就任。

一九二九年
一〇月二四日、世界恐慌の発端となる米国の株価大暴落。

一九三〇年
一月二一日〜四月二二日、ロンドン海軍軍縮会議。

一九三一年
九月一八日、柳条湖事件（満州事変）。

一九三二年
三月一日、満州国建国宣言。
三月〜六月、リットン調査団調査。
五月一五日、海軍青年将校らが犬養毅首相を暗殺（五・一五事件）。

一九三三年
一月三〇日、ドイツでナチスが政権をとる。
三月、ニューディール政策。
三月、日本、国際連盟脱退。

一九三四年
四月一八日、帝人事件。

際経済問題講座』第二巻)刊行。

昭和一〇年(一九三五) 五一歳

九月一八日、内閣より内閣調査局委員に任命。

昭和一一年(一九三六) 五二歳

九月一五日、「日本金融史」(『現代金融経済全集』第一二巻)を改造社より刊行。

九月一八日、商工省の重要産業統制運用委員会臨時委員に任命。

昭和一二年(一九三七) 五三歳

七月一日、企画庁参与に任命。

一一月二〇日、『激変期の日本経済』を東洋経済新報社より刊行。

昭和一三年(一九三八) 五四歳

四月二二日、商工省より中央物価委員会委員に任命。

五月一九日、企画院より企画院委員に任命。

九月二八日~一〇月四日、朝鮮へ講演旅行。

秋、「ケインズ研究会」設置。同会で『一般理論』の翻訳出版計画。

昭和一四年(一九三九) 五五歳

一月一九日、商工省より商工省専門委員に任命。

二月二二日、評論家協会が結成され、同協会会計監督に選任。

一九三五年

二月二五日、美濃部達吉が貴族院本会議での「一身上の弁明」演説で天皇機関説の正当性を説く。

一九三六年

二月二六日、陸軍皇道派の青年将校らが昭和維新を唱え、高橋是清蔵相らを殺害(二・二六事件)。

七月一七日、スペイン内戦。

一九三七年

七月七日、日中戦争開始(盧溝橋事件)。

一一月六日、日独伊防共協定が成立。

一二月一三日、日本軍による南京虐殺事件。

一九三八年

三月一三日、ドイツ、オーストリア併合。

四月一日、国家総動員法公布。

一九三九年

五月一二日、ノモンハンで満蒙・外蒙両軍隊衝突。

五月二二日、独伊軍事同盟調印。

八月二三日、独ソ不可侵条約調印。

七月二九日、商工省より中小産業調査会委員に任命。
八月三一日、東洋経済新報社において本社在勤社員を集め、「今後言論圧迫来るも良心に反する行動を絶対に取るべからざること」の決意を述べる。
一二月一日、長男湛一、歩兵第一連隊に入営。
一二月八日、長男湛一、中国に出征。

昭和一五年（一九四〇）　五六歳
四月五日、商工省より価格形成中央委員会委員に任命。
四月二九日〜六月一四日、朝鮮・満州旅行。
一〇月二一日、長女歌子、千葉皓と結婚。
一一月三〇日、東洋経済研究所が設立され、その所長・理事に就任。

昭和一六年（一九四一）　五七歳
二月一五日、東洋経済新報社の社長制新設にともない代表取締役社長に就任。
二月二六日、『満鮮産業の印象』を東洋経済新報社より刊行。

昭和一七年（一九四二）　五八歳
七月一〇日、『人生と経済』を理想社より刊行。
九月三〇日、次男和彦、海軍経理学校に補習学生見習尉官として入校。

昭和一八年（一九四三）　五九歳

九月一日、ドイツ、ポーランド侵攻（第二次世界大戦始まる）。
九月四日、日本政府、欧州戦争に不介入を声明。

一九四〇年
九月二七日、日独伊三国同盟調印。

一九四一年
四月一三日、日ソ中立条約調印。
六月二二日、独軍、ソ連邦攻撃を開始。
一〇月一二日、大政翼賛会成立。
一二月八日、太平洋戦争勃発。

一九四二年
一月一八日、日独伊軍事協定調印。
一月二〇日、ヴァンゼー会議（ナチスが欧州ユダヤ人殺害を決定）。
六月五日、ミッドウェー海戦。

一九四三年

一月三〇日、次男和彦（海軍主計中尉）、南方に出征。

三月二六日、内閣から有価証券取引委員会委員に任命。

六月一七日、通貨制度研究会が発展解消して金融学会（会長山崎覚次郎）が設立され、常任理事に就任。

昭和一九年（一九四四）六〇歳

二月六日、内南洋ケゼリン島玉砕が伝えられ、次男和彦、戦死と信ぜられる。享年二六。

八月一七日、大蔵省より貯蓄制度運営委員会委員を委嘱。

一〇月、大蔵大臣石渡荘太郎にすすめて、戦後日本経済再建研究を目的とする戦時経済特別調査室が大蔵省内に設置。

昭和二〇年（一九四五）六一歳

三月一〇日、早朝の大空襲で東京芝の居宅焼失。

四月二八日、空襲の激化に対処するため、東洋経済新報社の編集局の一部と組版工場を秋田県横手町（現在の横手市）に疎開することに決し、妻うめ、長女歌子、孫朝子、同総子を同伴して出発。

五月七日、内閣より資金吸収特別方策委員会委員を委嘱。

五月一五日、内閣より戦時物価審議会専門委員を委嘱。

六月一六日、内閣より大蔵省行政委員を委嘱。

六月二五日、大蔵省より戦時財政参画委員を委嘱。


九月八日、イタリア、連合国に無条件降伏。

一九四四年

六月一九日、マリアナ沖海戦。

七月四日、大本営、インパール作戦の失敗を認め、作戦中止を命令。

一〇月二四日、レイテ沖海戦。

一〇月二五日、神風特攻隊第一陣出撃。

一一月二四日、B29による東京初空襲。

一九四五年

二月四日～一一日、ヤルタ会談。

三月一〇日、東京大空襲。

四月一日、米軍、沖縄本島に上陸。

四月一二日、米大統領ルーズベルト死去、副大統領のトルーマンが大統領に昇格。

五月七日、独全軍無条件降伏。

七月一六日、米国、初めての原子核爆発成功。

七月一七日～八月二日、ポツダム会談。

八月六日、広島に原爆投下。

八月八日、ソ連、対日宣戦布告。

八月一五日、正午、天皇の終戦詔書放送を聞く。午後三時より横手経済倶楽部会員有志を支局に集め、新事態について「大西洋憲章、ポツダム宣言に現われたる連合国対日方針と日本経済の見透し」と題して講演。

八月二一日、横手での編集業務を停止し、それを東京本社に移転。

八月二八日、大蔵省より戦後通貨対策委員会委員を委嘱。

一一月九日、この日結成された自由党(総裁鳩山一郎)の顧問に就任。

一一月一七日、商工省参与を委嘱。

一二月一日、大蔵省より金融制度調査会委員を委嘱。

昭和二一年(一九四六)六二歳

二月五日、内閣より中央経済再建委員会委員を委嘱。

二月六日、大蔵省・外務省より閉鎖機関保管委員会委員を委嘱。

二月八日、内閣より中央企業経理調査委員会委員を委嘱。

三月一四日、山川均提唱の民主人民連盟世話人会に出席(四月七日、日比谷における民主人民連盟演説会で演説)。

四月一〇日、第二二回衆議院議員選挙において落選(選挙区東京都第二区)。

八月九日、長崎に原爆投下。

八月一四日、ポツダム宣言受諾。

八月一五日、日本、無条件降伏。天皇、終戦詔書を放送。

九月二日、降伏文書調印。

一〇月二日、GHQ設置。

一〇月二四日、国際連合が正式に成立。

一一月六日、GHQ、大蔵省の四大財閥解体案承認。

一二月一七日、女性参政権等の実現(衆議院議員選挙法改正公布)。

一二月二七日、ブレトン・ウッズ協定、二九カ国調印。

一九四六年

一月一日、天皇人間宣言。

三月五日、前英首相チャーチルによる「鉄のカーテン」演説。

五月三日、極東軍事裁判開廷(東京裁判)。

一〇月一日、ニュルンベルク国際軍事裁判最終判決。

四月一二日、終戦連絡中央事務局参与に任命。

五月二二日、第一次吉田茂内閣成立し、大蔵大臣に就任。

五月二三日、東洋経済新報社代表取締役社長を辞任。

昭和二二年（一九四七）　六三歳

一月三〇日、「二・一ゼネスト」につき、NHKラジオ放送にて、ゼネストの中止を訴える。

一月三一日、内閣改造で、経済安定本部総務長官、物価庁長官兼任。

四月二五日、第二三回衆議院議員選挙において当選（静岡県第二区）。

五月八日、GHQより内閣に対して、公職追放G項該当者に指名する旨の覚書が出る。

五月一七日、内閣より公職追放指令発表。

五月二〇日、第一次吉田茂内閣の総辞職にともない、大蔵大臣を辞任。

一〇月二〇日、中央公職適否審査委員会および中央公職適否審査訴願委員会に、「私の公職追放の資料に供されたと信ずる覚書に対する弁駁」を提出。

一一月一一日、自由思想協会を設立。

一二月一八日、仮寓先島村一郎邸から新宿区下落合四丁目一七一二番地に転居。

一九四七年

三月一日、国際通貨基金（IMF）発足。

五月三日、日本国憲法施行。

一〇月一四日、国連総会、「マーシャル・プラン」の原則承認。

一〇月三〇日、二三カ国で関税貿易一般協定（GATT）調印。

一二月二二日、改正民法公布。

一九四八年

昭和二四年（一九四九）　六五歳
一〇月一九日、自由思想協会事務所を閉鎖。

昭和二六年（一九五一）　六七歳
六月二〇日、公職追放解除発表（発効六月二六日）。
七月三日、政令諮問委員会委員を委嘱。
一〇月、『湛山回想』を毎日新聞社より刊行。

昭和二七年（一九五二）　六八歳
九月二九日、河野一郎とともに自由党（総裁吉田茂）から反党活動を理由として除名通告を受ける。
一〇月一日、第二五回衆議院議員選挙において当選（静

三月七日、新警察制度発足。
四月一日、ベルリン封鎖始まる。
四月一六日、欧州経済協力協定に調印（欧州経済協力機構ＯＥＥＣ）。

一九四九年
四月四日、西欧一二カ国、北大西洋条約（ＮＡＴＯ）調印。
四月二五日、単一為替レート、一ドル三六〇円実施。
一〇月一日、中華人民共和国成立宣言。

一九五〇年
二月一四日、中ソ友好同盟相互援助条約締結。
六月二五日、朝鮮戦争始まる。
七月二八日、レッドパージ始まる。
八月一〇日、国家警察予備隊設置。

一九五一年
六月二一日、ＩＬＯおよびユネスコに加盟。
九月八日、日米安全保障条約（サンフランシスコ平和条約）調印。
一二月三〇日、マーシャル・プラン終了。

一九五二年
一月四日、英軍、スエズ運河を封鎖。
五月一日、メーデー事件。
七月二一日、破壊活動防止法公布・施行。

岡県第二区)。
一一月二七日、東洋経済新報社相談役に就任。
一二月一日、立正大学学長に就任。
一二月一六日、自由党議員総会において、復党承認。

昭和二八年(一九五三) 六九歳

三月一四日、自由党分党(鳩山派自由党)が結成され、入党。
四月一九日、第二六回衆議院議員選挙において当選(静岡県第二区)。
一一月二九日、自由党と鳩山派自由党との合同が成り、自由党に復帰。

昭和二九年(一九五四) 七〇歳

五月二九日、新党結成促進協議会総会開催。保守新党結成運動発足。
一一月二四日、日本民主党(総裁鳩山一郎)が結成され、最高委員に選任。
一二月一〇日、第一次鳩山内閣成立、通商産業大臣に就任。

昭和三〇年(一九五五) 七一歳

二月二七日、第二七回衆議院議員選挙において当選(静岡県第二区)。
三月一九日、第二次鳩山内閣が成立し、通産大臣に留任。

一九五三年

三月五日、ソ連、スターリン死去。
七月二七日、朝鮮休戦協定成立。

一九五四年

三月一日、米、第一回の水爆実験をビキニ環礁で実施、第五福竜丸被爆。
七月一日、自衛隊発足。
一二月七日、吉田内閣総辞職。

一九五五年

五月一四日、ワルシャワ条約調印。
六月七日、GATT正式加入。
一一月一五日、自由・日本民主両党合同、自由民主党結成。

一一月二二日、第三次鳩山内閣が成立し、通産大臣に留任。

昭和三一年（一九五六） 七二歳
九月二〇日、『サラリーマン重役論』を竜南書房より刊行。

一二月一四日、自由民主党大会において、決選投票の結果、総裁に選出。

一二月二〇日、第三次鳩山内閣が総辞職し、衆参両院において、内閣首班に指名。

一二月二三日、石橋湛山内閣成立。

昭和三二年（一九五七） 七三歳
一月六日、日蓮宗権大僧正に叙任。

一月二五日、急性肺炎により倒れ、臥床。

一月三一日、早期治療の見込みが立たず、総理大臣臨時代理に外務大臣岸信介を指名。

二月二二日、書翰を総理大臣臨時代理岸信介と自由民主党幹事長三木武夫におくり、総理大臣および党総裁辞任の意向を表明。

二月二三日、石橋内閣総辞職、総理大臣を辞任。

二月二七日、聖路加病院に入院（四月一三日退院）。

一〇月二〇日、早稲田大学より名誉博士号を授与。

昭和三三年（一九五八） 七四歳
五月二二日、第二八回衆議院議員選挙において当選（静

一九五六年
一〇月一九日、日ソ共同宣言。
一〇月二三日、ハンガリー動乱。
一二月一八日、国連総会、日本の加盟承認。

一九五七年
一〇月一日、国連総会で日本、安保理事会非常任理事国に当選。
一〇月四日、ソ連、人工衛星スプートニク一号打ち上げに成功。

一九五八年
一月三一日、米国、人工衛星エクスプローラ一号打ち

岡県第二区)。

昭和三四年(一九五九) 七五歳
三月一五日、『日本経済の針路』を東洋経済新報社より刊行。

八月二八日、中国国務院総理周恩来より訪中請状来届。

九月七日~二六日、中国を訪問し、毛沢東・周恩来をはじめ同国首脳者と会談。二〇日、石橋=周共同声明を発表し、日中両国の友好親善を約す。

昭和三五年(一九六〇) 七六歳
四月、岸首相宛の改定安保条約審議延期の親書を認める。

五月二〇日、国会にて安保改定条約強行採決される。

松村謙三の来訪を求め、岸首相の退陣要求を託す。

六月六日、東久邇・片山両元首相と会談し、岸首相への辞職勧告を決し、勧告文を使者に托す。

八月二日、日ソ協会会長に就任(翌年一〇月五日辞任)。

一一月二〇日、第二九回衆議院議員選挙において当選(静岡県第二区)。

昭和三六年(一九六一) 七七歳
六月一五日、日中米ソ平和同盟案を発表。

上げに成功。
一九五九年
一月一日、欧州経済共同体(EEC)発足。
一九六〇年
一月二五日、三池争議、労組が無期限ストに突入。
五月二〇日、安保騒動、自民党が日米新安全保障条約・地位協定調印を強行採決。
六月四日、安保反対スト。
六月二三日、新安保条約批准書発効、岸首相、閣議で退陣の意思発表。
一二月一四日、西側二〇カ国、経済協力開発機構(OECD)条約調印。
一二月二七日、国民所得倍増計画を閣議決定。
一九六一年
一月三日、米国、キューバとの国交を断絶。
八月一三日、東独政府、東西ベルリンの境界に壁を構築。
一九六二年

昭和三八年（一九六三） 七九歳
九月二四日～一〇月一三日、日本工業展覧会総裁として、訪中。
一一月二一日、第三〇回衆議院議員選挙において落選（静岡県第二区）。
昭和三九年（一九六四） 八〇歳
四月二九日、勲一等旭日大綬章を授与。
五月一九日、日本国際貿易促進協会総裁に就任。
九月二二日～一〇月一三日、日ソ協会会長ネステロフ、ソ連対外友好連絡団体連合会会長ポポアの招請により訪ソ。
昭和四三年（一九六八） 八四歳
三月三一日、立正大学学長を辞任、名誉学長に推される。
昭和四五年（一九七〇） 八六歳
二月一七日、肺炎治療のため聖路加病院に入院する。
一〇月二〇日、『石橋湛山全集』（全一五巻）刊行開始。
昭和四六年（一九七一） 八七歳
六月一日、聖路加病院を退院、鎌倉宅にて静養する。

一〇月二二日、キューバ危機。
一九六三年
二月二〇日、中ソ論争激化。
一一月二二日、ケネディ米大統領暗殺。
一九六四年
四月二八日、ＯＥＣＤに加盟。
一〇月一日、東海道新幹線が開通。
一〇月一〇日、東京オリンピック開催。
一九六五年
二月七日、米国が北ベトナムを攻撃。
六月二二日、日韓基本条約調印。
一九六八年
六月二六日、小笠原諸島返還。
一九七〇年
三月一四日、大阪万国博覧会開幕。
一九七一年
八月一五日、ニクソン大統領が金・ドル交換停止を発六月二日、妻うめ、聖路加病院に入院。
八月九日、妻うめ、聖路加病院にて死去。享年八三。
昭和四七年（一九七二）　八八歳
七月一四日、鎌倉より東京中落合の自宅に帰り療養す。
九月一〇日、『石橋湛山全集』完結する。
昭和四八年（一九七三）
四月二五日、自宅において死去。享年八八。
四月二八日、池上本門寺において葬儀。
五月一三日、築地本願寺において自由民主党葬。

表（ドルショック）。
一九七二年
五月一五日、沖縄返還。
九月二九日、日中共同声明調印。
一九七三年
一〇月六日、第四次中東戦争勃発（第一次石油危機）。

参考文献

【書籍】

阿部眞之助『戦後政治家論――吉田・石橋から岸・池田まで』文藝春秋、二〇一六年
石田博英『石橋政権・七十一日』行政問題研究所出版局、一九八五年
石田博英『私の政界昭和史』東洋経済新報社、一九八六年
石橋湛山『石橋湛山全集（第十三巻）』東洋経済新報社、二〇一一年
石橋湛山『石橋湛山全集（第十四巻）』東洋経済新報社、二〇一一年
石橋湛山『石橋湛山全集（第十五巻）』東洋経済新報社、二〇一一年
石橋湛山『湛山回想』岩波書店、一九八五年
内田健三『戦後日本の保守政治――政治記者の証言』岩波書店、一九六九年
石橋湛山全集編纂委員会編『石橋湛山写真譜』東洋経済新報社、一九七三年
ウィロビー、C・A『GHQ知られざる諜報戦――新版・ウィロビー回顧録』延禎監修、平塚柾緒編、山川出版社、二〇一一年

姜克實『石橋湛山』吉川弘文館、二〇一四年
戸川猪佐武『昭和現代史――激動する戦後期の記録』光文社、一九五九年
鳩山一郎『鳩山一郎回顧録』文藝春秋新社、一九五七年
増田弘『石橋湛山――思想は人間活動の根本・動力なり』ミネルヴァ書房、二〇一七年
山口正『思想家としての石橋湛山――人と時代』春風社、二〇一五年
吉田茂『回想十年（全4巻）』新潮社、一九五七～一九五八年
フィン、リチャード・B『マッカーサーと吉田茂（上・下）』内田健三監修、同文書院インターナショナル、一九九三年

〔雑誌・新聞記事〕

石橋湛山「社説／近来の世相ただ事ならず」『東洋経済新報』一九三一年四月一八日号
石橋湛山「いわゆる軍人の政治干与　責任は政治家の無能にある」『東洋経済新報』一九四〇年二月二四日号
石橋湛山「更生日本の門出　前途は実に洋々たり」『東洋経済新報』一九四五年八月二五日号
石橋湛山・中山伊知郎・水谷長三郎・小汀利得「日本経済の臨床報告」『文藝春秋』一九五二年六月号
石橋湛山「私の履歴書」『日本経済新聞』一九五八年一月三～二三日
岸信介・矢次一夫・伊藤隆「岸信介の回想」『文藝春秋』一九八一年六月号
和田博雄「石橋新総裁論」『朝日新聞』（朝刊）一九五六年一二月一五日付

【著者紹介】
保阪正康（ほさか　まさやす）
昭和史の実証的研究を志し、延べ4000人もの関係者を取材してその肉声を記録してきたノンフィクション作家。1939年、札幌市生まれ。同志社大学文学部卒業。「昭和史を語り継ぐ会」主宰。個人誌『昭和史講座』を中心とする一連の研究で第52回菊池寛賞を受賞。『ナショナリズムの昭和』（幻戯書房）で第30回和辻哲郎文化賞を受賞。『昭和史 七つの謎』（講談社文庫）、『あの戦争は何だったのか』（新潮新書）、『東條英機と天皇の時代（上下）』（文春文庫）、『昭和陸軍の研究（上下）』（朝日選書）、『昭和の怪物 七つの謎』『近現代史からの警告』（共に講談社現代新書）ほか著書多数。

石橋湛山の65日

2021年4月8日発行

著　者――保阪正康
発行者――駒橋憲一
発行所――東洋経済新報社
〒103-8345　東京都中央区日本橋本石町 1-2-1
電話＝東洋経済コールセンター 03(6386)1040
https://toyokeizai.net/

装　丁………橋爪朋世
ＤＴＰ………キャップス
印　刷………図書印刷
編集担当……水野一誠

ISBN 978-4-492-06192-3